QUE SAIS-JE ?

Psychoses et névroses de l'adulte

ANDRÉ MANUS

Cinquième édition

33e mille

ISBN 2 13 045125 X

Dépôt légal — 1re édition : 1987
5e édition : 1998, janvier

Presses Universitaires de France, 1987
108, boulevard Saint-Germain, 75006 Paris

INTRODUCTION

I. — Considérations actuelles sur les névroses et les psychoses

Cela peut paraître une gageure de faire aujourd'hui un ouvrage ayant pour titre *Psychoses et névroses* alors que ce champ de la psychopathologie est en plein remaniement conceptuel. Longtemps on a pu se contenter de donner un contenu uniquement descriptif à des troubles dont le mécanisme était totalement ignoré. Ces descriptions ne faisaient pas état des relations du sujet avec son environnement, et en particulier avec l'observateur, comme si les symptômes étaient indépendants de toute influence extérieure. Or on sait aujourd'hui que les symptômes sont inséparables de l'environnement dans lequel ils apparaissent, et que la notion d'environnement est à prendre dans l'acception la plus large possible, englobant l'univers fantasmatique du sujet, ses relations aux êtres et aux choses, sa culture, son histoire personnelle, familiale et groupale. Si un symptôme ne peut avoir d'existence en dehors d'un substratum biologique qui lui confère alors un statut d'universalité, il doit aussi prendre un sens propre au sujet car celui-ci a une situation unique et irréductible à aucune autre dans son histoire personnelle familiale et socioculturelle.

Cette double polarité personnelle et universelle du symptôme psychiatrique serait plus marquée dans le champ des névroses que dans celui des psychoses, mais elle existe même dans celui-ci : c'est ainsi qu'un délire n'a pas que des constantes universelles, mais prend aussi pour une personne donnée un sens irréductible à tout autre.

Ce fait confère au symptôme psychiatrique une difficulté particulière à l'établissement de la nosographie pourtant absolument nécessaire tant pour la recherche que pour les soins où il est indispensable de se donner les moyens de communiquer les informations.

A côté de cette dépendance du symptôme psychiatrique au sujet et à son environnement, il existe une autre difficulté à la compréhension du symptôme psychiatrique : c'est celle qui concerne l'étude des mécanismes explicatifs des symptômes.

Les différents modèles explicatifs qui, depuis le XIXe siècle, ont essayé de rendre compte des mécanismes psychopathologiques ont influencé la nosographie au point que certains termes sont liés à certaines théories. Le même terme est parfois utilisé d'une théorie à l'autre en y ajoutant comme par une série de stratifications successives des acceptions nouvelles. C'est ainsi que le contenu sémantique des mots névroses et psychoses doit faire référence au modèle explicatif qui le sous-tend. C'est pourquoi certaines classifications contemporaines ont tendance à abandonner les termes trop marqués par une théorie explicative, comme celui de névrose qui prend son sens surtout dans le cadre de la théorie psychanalytique. Ce sont surtout les avancées biologiques contemporaines qui poussent à une nosographie plus neutre, plus descriptive qu'explicative afin que les termes soient suffisamment souples pour intégrer toutes les données nouvelles. Freud ne disait-il pas lui-même dans une lettre à Fliess : « La biologie est vraiment un domaine aux possibilités illimitées : nous devons nous attendre à recevoir d'elle les lumières les plus surprenantes et nous ne pouvons pas deviner quelles réponses elle nous donnera dans quelques décennies aux questions que nous lui posons. Il s'agira peut-être de réponses telles qu'elles feront s'écrouler tout l'édifice artificiel de nos hypothèses. »

Les progrès actuels des neurosciences sont tels que les cadres nosographiques des névroses et des psychoses et leurs sous-catégories héritées de telle ou telle théorie ne sont plus actuellement opératoires. Ils représenteraient, si on les figeait par fidélité aux habitudes, un frein à la recherche. Nul ne peut être sûr aujourd'hui du destin de ces concepts de névrose et de psychose à mesure qu'avanceront les neurosciences. Si on veut être à la fois précis et ouvert, force est de les envisager dans une perspective maintenant en relation des disciplines aussi diverses et complémentaires que la psychanalyse, la génétique, la sociologie, l'ethnologie, la neurobiochimie et l'épidémiologie.

II. — Critères spécifiques à chaque état

La délimitation des champs des névroses et des psychoses a évolué selon les moments de l'histoire des idées. Dans toute la première partie du XIXe siècle, les névroses étaient tenues pour être des maladies du système nerveux avec un siège organique précis mais sans lésion de l'organe intéressé ; elles sont devenues sous l'influence de la psychanalyse des affections psychogènes sans substratum organique évident, ayant une accessibilité thérapeutique assez grande pouvant maintenir le sujet dans sa vie familiale et sociale. Le terme de psychose désignait au

XIXe siècle, surtout dans la littérature psychiatrique de langue allemande, la maladie mentale en général. Puis il a été réservé, pour s'opposer aux névroses, aux maladies mentales les plus graves, celles qui pendant toute la première moitié du siècle conduisaient le malade à l'hospitalisation avec des troubles menant à de graves invalidités sociales. La survenue de thérapeutiques plus efficaces, les neuroleptiques d'abord, le lithium ensuite, a modifié l'indice de gravité de certaines psychoses sans pour autant, sauf pour l'une d'elles, modifier le pronostic au long cours. Ce fait a facilité le maintien du terme de psychose d'autant qu'il n'a jamais été monopolisé par un seul modèle explicatif comme dans le cas des névroses.

L'élaboration de caractères distinctifs entre névroses et psychoses est délicate à faire aujourd'hui en raison de l'évolution très mouvante des cadres nosographiques. Néanmoins un certain consensus subsiste, que l'on garde le mot de névrose ou qu'on le remplace par une sorte de fragmentation conceptuelle en utilisant les termes de troubles phobiques, d'états anxieux, de troubles obsessionnels-compulsifs, de troubles somatoformes et dissociatifs (*DSM* III R) (1). Les principaux signes distinctifs seraient ainsi les suivants :

1) Dans les psychoses, il y a une rupture avec la réalité extérieure qui n'est plus reconnue comme elle est, qui peut même être déniée en tout ou en partie et remplacée par une néo-réalité personnelle au sujet, connue de lui seul, incommunicable à autrui. La réalité telle qu'elle est perçue par un sujet est toujours interprétée par lui en fonction de ses expériences

(1) *Diagnostic and statistical manual of mental disorders*, 3e ed. American Psychiatric Association, Washington DC.

antérieures et de son état émotif du moment mais ces variations restent dans un continuum communicable et accessible à la plupart. Ces interprétations ne sont pas en ruptures complètes les unes avec les autres. Un psychotique a une vision ou une interprétation de la réalité qui représente un saut par rapport à toutes les variables possibles ce qui le situe en dehors de toute expérience partageable. Un névrosé n'a pas d'expérience incommunicable avec la réalité. Il peut y éprouver une souffrance, mais cette souffrance qu'il pourra communiquer ne paraîtra jamais totalement étrangère et incompréhensible aux autres qui l'auront souvent éprouvée eux-mêmes de façon plus brève et moins forte. Surtout, cette souffrance ne détache pas le névrosé de la réalité. Il négocie avec la réalité par toutes sortes d'aménagements, mais il ne rompt pas avec elle et il ne la remplace pas par une néo-réalité unique et personnelle ;

2) La diminution ou la perte de la capacité de communiquer est en partie la conséquence de la situation précédente. Tantôt le psychotique est empêché de communiquer comme s'il ne communiquait plus qu'avec lui-même dans une sorte de circuit fermé. Tantôt il communique, mais il fournit des informations qui sont en tout ou en partie inutilisables par les autres. Il peut exister des troubles de la communication dans les névroses. Certaines inhibitions gênent considérablement la communication. Elle n'est toutefois jamais complètement interrompue ou même si elle l'est, ce sera de façon explicable par exemple dans le cas d'une stupeur hystérique après un stress. Certains aménagements de la relation permettent généralement à la communication de reprendre ou de s'améliorer dans le cadre d'une névrose, alors que ces aménagements sont le plus souvent inefficaces dans les psychoses. Par ailleurs

quand la capacité de communication est troublée dans les névroses, le trouble y est plus quantitatif que qualitatif et, quand la communication passe, les informations sont le plus souvent immédiatement exploitables ;

3) L'étrangeté des troubles est un caractère propre aux psychoses. Cette étrangeté qui est en partie liée à l'incommunicabilité crée un certain malaise dans la relation qu'on peut avoir avec un psychotique. Ce malaise qu'on perçoit sous la forme d'une angoisse est très caractéristique de la relation avec un psychotique, surtout si on a peu l'habitude de ce type de relation. Ce malaise est de même nature que celui qu'on peut éprouver dans une situation ou tout est étranger (lieux et gens) mais il est encore plus profond que dans ce cas. Ce malaise est généralement indéfinissable et surtout mal rattaché à sa cause : l'inquiétante étrangeté dont la prise de conscience est difficile. La relation avec un névrosé peut déclencher des moments d'angoisse, mais ils sont alors liés à des craintes formulables, et non mystérieuses, comme une agression par exemple ;

4) Un des caractères différentiels les plus opératoires entre névroses et psychoses est la présence ou l'absence de la conscience du caractère morbide du trouble. En règle, un névrosé connaît ses troubles ; il est capable d'en faire l'inventaire et d'en demander des soins. A l'inverse, un psychotique ignore ses troubles qu'il vit comme faisant partie de sa nature ou de la réalité extérieure et il n'en demandera aucun soin. Il est vrai qu'il y a quelques exceptions à ce schéma. Certaines manifestations psychotiques, des hallucinations par exemple, peuvent parfois être perçues comme pathologiques. Ce fait peut se rencontrer dans deux circonstances principales, soit au tout début d'une psychose ou lors de la reprise d'un

épisode évolutif car la critique du trouble est temporairement maintenue au début, soit parce que la cause du trouble est une pathologie organique, comme une tumeur par exemple. Certaines manifestations névrotiques, comme une restriction alimentaire volontaire peut être jugée naturelle et sa conséquence, l'amaigrissement, déniée. Mais ici, s'il n'y a pas conscience du caractère morbide du trouble et s'il n'y a pas de demande de soins, il y a au moins la conscience d'un comportement marginal, nouveau ou inhabituel, ce que ne reconnaît généralement pas le psychotique, sauf au tout début de ses troubles ;

5) Le critère de gravité est également avancé pour distinguer les névroses des psychoses. Les troubles des névroses sont généralement de gravité légère ou moyenne. Ils n'entraînent pas d'invalidité importante, ne rompant pas les liens familiaux, professionnels et sociaux. Les hospitalisations sont rarement nécessaires ou alors plutôt courtes. Les traitements sont généralement efficaces interrompant le processus ou le rendant supportable. Les troubles des psychoses sont presque toujours très graves. Ils donnent au sujet une invalidité majeure en interrompant ses liens familiaux, sociaux et professionnels. Les hospitalisations sont souvent indispensables et parfois très durables, responsables à leur tour de troubles qui leur sont propres à cause des carences affectives qu'elles représentent dans un monde sans vie amoureuse et sans responsabilité familiale et sociale. Bien sûr, il y a des exceptions à ces deux situations extrêmes et tout un continuum entre elles au moins du point de vue de la gravité, si ce n'est du point de vue de l'essence des troubles pour lesquels certains pensent qu'il y a un saut irréductible entre névrose et psychose, mais ce n'est pas un avis unanime. C'est ainsi qu'il y a malheureusement des

névroses très invalidantes obérant une partie de la vie relationnelle : hystéries avec manifestations somatiques chroniques entraînant des pertes de fonctions importantes, névroses obsessionnelles isolant affectivement le sujet et le privant de sa liberté de penser et d'agir à cause de la répétition des obsessions et des rites, phobies multiples ou paniques répétitives empêchant tout contact social. A l'inverse, heureusement, certaines psychoses deviennent presque inapparentes, soit spontanément, soit avec l'aide des thérapeutiques, et permettent une vie familiale et professionnelle normale.

III. — **Les limites des champs des névroses et des psychoses et leur rapport à la normalité**

Les classiques classifications psychiatriques avec leurs maladies irréductibles les unes aux autres sont en train de disparaître ou tout du moins d'être fortement contestées. C'est qu'elles ne résistent pas à l'observation des faits.

Au sein du groupe des névroses, on constate plus souvent des tableaux polysymptomatiques où il est difficile de retrouver les cadres classiques. Il existe des associations chez le même sujet entre troubles névrotiques et troubles psychotiques. Certaines névroses, comme l'hystérie par exemple, paraissent évoluer dans certains cas vers un trouble psychotique au point que certains parlent de psychoses hystériques. Certaines psychoses, comme les schizophrénies, peuvent parfois évoluer vers l'amélioration des troubles psychotiques au profit de l'apparition de nouveaux troubles de la série névrotique, en particulier obsessionnels. Les troubles psychotiques aigus et chroniques ne sont pas l'apanage des seules psychoses. On les voit parfois survenir dans certaines intoxications (alcool et drogues), dans certains désordres métaboliques, lors de certains troubles hormonaux, lors de certaines atteintes locales du système nerveux central. Tout se passe comme si certains troubles psychotiques pouvaient être mis en jeu dans un certain nombre de circonstances étrangères aux psychoses. Dans ces cas, le trouble est généralement transitoire ne subsistant que si sa cause reste présente.

Au sein du groupe des psychoses, la situation de la schizophrénie paraît perdre son unicité avec au moins deux sous-groupes peut-être totalement hétérogènes, l'un s'exprimant par l'excitation et le délire, l'autre par le déficit. Les autres psychoses chroniques ne sont peut-être que des variantes des schizophrénies, ou sinon appartiennent au groupe des troubles paranoïaques. Il y aurait loin de la constellation des psychoses décrites par certaines nosographies qui utilisent la prévalence d'un mécanisme délirant ou d'un thème délirant pour identifier une variété de psychose chronique, alors qu'il ne s'agit peut-être que d'une particularité circonstancielle liée à la personnalité du sujet et à son environnement.

En dehors de toute psychose caractérisée et en dehors de toute affection organique décelable, on peut observer des troubles psychotiques (en particulier des délires) dans certaines circonstances telles que les carences sensorielles, l'isolement affectif, les troubles de l'humeur (dépression et excitation).

Ces faits ont incité certains auteurs à décrire, à côté des névroses et des psychoses, un autre cadre nosographique pouvant rendre compte de ces glissements d'une pathologie à l'autre ; on l'a appelé : état limite.

Ce nouveau cadre paraît davantage compliquer

la réflexion qu'il ne la simplifie, ainsi qu'en témoignent les nombreuses définitions qui lui sont données. Certains y voient l'équivalent de formes pseudo-névrotiques de schizophrénie, d'autres une pathologie névrotique qui s'exprimerait par des mécanismes psychotiques, d'autres un aménagement ni névrotique ni psychotique, une sorte de tronc commun entre les deux structures pouvant en fonction des circonstances basculer dans l'une ou dans l'autre.

Finalement, il est peut-être plus simple d'envisager qu'il n'y ait pas une structure exclusive d'une autre et que les processus mentaux puissent se situer le long d'un continum en fonction des caractéristiques du sujet pris dans la double perspective de son histoire personnelle et de celle de sa lignée d'une part, et de son environnement au sens le plus étendu d'autre part.

A propos des névroses et des psychoses, se pose le problème essentiel du normal et du pathologique. En médecine l'existence d'une maladie comportant un agent pathogène, une lésion anatomopathologique et biologique et un trouble physiologique clarifie le problème. Même dans un cas aussi simple, il y a toutefois le cas des formes inapparentes. En psychiatrie, l'agent pathogène est rarement identifié ; il est probablement multifactoriel. Les frontières entre le normal et le pathologique sont imprécises. Potentiellement, tout être humain paraît capable de faire des troubles mentaux si un jour toutes les conditions sont réunies. Certains y sont toutefois plus exposés que d'autres, sans doute en raison d'une moindre fiabilité de leur système nerveux central, soit à cause de particularités dans le patrimoine génétique, soit à cause d'événements défavorables au moment de l'épigénèse ; peut-être même faut-il une association de ces deux facteurs pour fragiliser gravement le système nerveux central.

Tout être humain semble potentiellement capable d'avoir des troubles névrotiques. Il y en a de façon transitoire après certains stress. Dans l'enfance, de façon naturelle à certaines étapes du développement, surviennent des troubles névrotiques tels que les phobies. Dans l'enfance et l'adolescence, mais aussi plus tard à l'âge adulte, toutes les manifestations névrotiques peuvent survenir épisodiquement. Comme symptôme de base il y a l'anxiété et l'angoisse, puis surgissent les principaux symptômes névrotiques : phobies, obsessions, somatisations. Selon les conceptions théoriques que l'on a, ces symptômes secondaires s'expliquent par le mécanisme d'un conditionnement (théorie comportementaliste) ou par le jeu des mécanismes de défense contre l'angoisse (théorie psychanalytique).

Finalement tout être humain connaît les symptômes névrotiques, mais un petit nombre d'entre eux seulement les organisent de façon durable et répétée sans relation apparente avec les événements extérieurs, comme en circuit fermé. C'est cela seulement que certains appellent la névrose.

La potentialité à faire des troubles psychotiques est moins répandue. La plupart des êtres humains n'en font jamais. Peut-être y faut-il un degré encore plus grand de mauvaise fiabilité du système nerveux central. Certaines agressions de ce système peuvent déclencher des délires, en particulier l'alcool lors de ce qu'on appelle les ivresses pathologiques. Ces ivresses peuvent se manifester par des délires hallucinatoires comme dans les schizophrénies aiguës ou encore par des délires de jalousie comme dans les paranoïas. Tout le monde n'a pas la même vulnérabilité à l'égard de l'alcool. La plupart ne font que des ivresses simples sans jamais délirer. D'autres font des ivresses pathologiques à chaque consommation excessive. Y a-t-il chez ceux-ci une particularité génétique commune aux psychoses chroniques qui auraient par ailleurs d'autres anomalies précipitant le sujet vers l'évolution psychotique durable. Là aussi il pourrait y avoir un continuum entre la normalité et la psychose, celle-ci n'apparaissant que par le cumul de facteurs dont les autres n'auraient qu'une partie ; et à l'extrémité de ce continuum apparaîtrait la forme la plus grave de schizophrénie, celle comportant une évolution déficitaire continue. Toutefois, on ne peut pas encore récuser tout à fait l'hypothèse que certaines psychoses seraient des maladies au même titre que celles qui sont individualisées dans le reste du champ médical. Celles qui seraient les meilleures candidates à cette appellation sont pour le moment la schizophrénie et la psychose maniaco-dépressive ou maladie bipolaire.

BIBLIOGRAPHIE

Ades J., L'évolution du concept de névrose et les classifications actuelles des états névrotiques, *Semaine des hôpitaux de Paris*, 1985, 61, n° 45, 3319-3327.

DSM III R *(Manuel diagnostique et statistique des troubles mentaux)*, Paris, Masson, 1989.

Laplanche J., Pontalis J.-B., *Vocabulaire de la psychanalyse*, Paris, PUF, 1967.

Sulloway F. J., *Freud biologiste de l'esprit*, Paris, Fayard, 1981.

CHAPITRE PREMIER

THÉORIES DES NÉVROSES

Les principaux modèles qui ont été proposés pour expliquer ou présenter le fonctionnement des symptômes névrotiques sont la psychanalyse, le comportementalisme, le culturalisme, la phénoménologie et la biologie.

I. — La théorie psychanalytique des névroses

Elle commença à se faire jour dans *Les études sur l'hystérie* écrites en commun avec J. Breuer. Comme ils l'écrivent alors, « les hystériques souffrent surtout de leurs réminiscences ». C'est un triple point de vue qui sous-tend cette théorie naissante : un point de vue économique, dynamique et topique. Le point de vue économique exprime l'idée que le système nerveux central s'attache à maintenir constant le niveau d'énergie psychique. Si un surcroît d'énergie ne peut s'éliminer par les voies habituelles, il y aura une décharge brutale de nature somatique. C'est ce fait qui expliquerait la crise hystérique. Le point de vue dynamique conçoit les phénomènes mentaux comme des forces qui peuvent éventuellement entrer en conflit. Ainsi, il peut s'installer une défense psychique contre des idées insupportables. Le point de vue topique exprime l'hypothèse de différentes zones de l'esprit avec en particulier une zone inconsciente dans laquelle se trouveraient certains souvenirs traumatisants oubliés. Le but du traitement serait de permettre à de tels souvenirs d'émerger à la conscience. La première technique utilisée par Freud, dans ce but, fut l'hypnose qu'il abandonne ensuite pour proposer la technique des associations libres, inventant là l'essentiel de la technique psychanalytique. Freud pensait que pour l'essentiel ces souvenirs traumatisants étaient des souvenirs de traumatismes sexuels et il évoquait des tentatives de séduction dans la première enfance, mais il pensait que ce n'était pas l'événement lui-même qui avait de l'importance mais son souvenir « après coup » au moment de l'éveil des pulsions sexuelles. Cette notion d'universalité du traumatisme sexuel, plus fréquent dans les fantasmes que dans la réalité fut bientôt abandonnée. Selon Freud « la pierre d'angle sur laquelle repose tout l'édifice de la psychanalyse est la théorie du refoulement ». Le mot refoulement ou le mot défense a été employé par lui dans des acceptions un peu différentes. Parfois synonymes, à d'autres fois différents, on pourrait retenir l'idée qu'il y a des défenses simples, mettant à l'écart de la conscience des représentations pénibles, qui sont alors des phénomènes normaux non productifs de symptômes, et qu'il y a aussi le refoulement proprement dit, phénomène élaboré et complexe, qui peut être producteur de symptômes. Dans son article « Le refoulement » (1915), Freud précise que le refoulement a trois temps. Le premier temps, sorte de refoulement originaire, reporte les représentations de la pulsion vers l'inconscient. Ces représentations de la pulsion, auxquelles celle-ci reste fixée, vont fonctionner dans l'inconscient avec un double pôle, un qui est réprimé par une instance supérieure et un autre qui attire d'autres représentations. Ce double phénomène d'attraction-répulsion représente le deuxième temps du refoulement. Le troisième temps va être « le retour du refoulé » sous forme le plus souvent de rêves ou de petits actes de la psychopathologie de la vie quotidienne (lapsus, oublis, actes manqués), mais aussi sous forme de symptômes (symptômes névrotiques). Les circonstances dans lesquelles un refoulement peut intervenir sont toutes celles représentant un conflit pour le sujet : conflit entre un désir et un interdit, entre deux instances du psychisme (ça, moi et surmoi), entre deux pulsions ou encore dans une combinaison plus complexe entre ces différentes possibilités. L'opération du refoulement peut être décrite au triple point de vue de la métapsychologie. Du point de vue topique, le refoulement est opéré par le moi de façon partiellement inconsciente. Du point de vue économique, le refoulement est consommateur d'énergie psychique par le jeu d'investissements de force contraire. Du point de vue dynamique, c'est le déplaisir déclenché par la situation conflictuelle qui met en jeu le processus de refoulement. Le refoulement est donc mis en jeu par une pulsion dont la satisfaction amènerait un déplaisir. Une pulsion regroupe quatre éléments : la poussée, la source, l'objet et le but. Elle s'exprime dans deux registres différents : celui de la représentation et celui de l'affect. La représentation est ce qui donne un contenu concret à un acte de pensée. Par rapport à la pulsion qui est au fond un phénomène organique, la représentation serait son expression dans le psychisme. C'est elle seule qui est l'objet du refoulement. L'affect désigne la quantité d'énergie pulsionnelle. Il peut ne pas rester lié à la pulsion, aussi il doit subir diverses transformations. Freud cite trois transformations possibles d'un affect : sa transformation en énergie somatique (conversion) ; son déplacement sur une autre représentation (obsession) ; sa transformation en angoisse libre (phobie). Ce sont donc les transformations de l'affect qui peuvent être responsables des symptômes névrotiques. Ainsi, lorsqu'une satisfaction pulsionnelle est conflictuelle le refoulement agit sur la représentation de la pulsion ; lors de cette opération l'affect est détaché et suit un destin dans lequel trois variétés de transformations possibles aboutissent aux trois principaux symptômes névrotiques (conversion somatique, obsession et phobie).

On se rappelle qu'en 1915 Freud distinguait les névroses actuelles, dont le conflit est dans le présent, des psychonévroses qui sont des « affections psychogènes où les symptômes sont l'expression symbolique d'un conflit psychique trouvant ses racines dans l'histoire infantile du sujet et constituant des compromis entre le désir et la défense » (Laplanche et Pontalis). Ce sont ces névroses-ci qui sont représentées par la névrose hystérique, la névrose obsessionnelle et la névrose phobique. On peut y voir plus en détail l'essentiel de leur fonctionnement.

Dans l'hystérie, au cours du refoulement, l'affect détaché se convertit en énergie somatique créant un symptôme physique, le plus souvent la perte d'une fonction corporelle jouant un rôle dans la communication ou la vie relationnelle : paralysie, anesthésie, trouble sensoriel, trouble du langage, trouble sexuel, etc. Lorsque la totalité de l'affect est converti, le sujet n'a plus aucune angoisse malgré son symptôme physique. C'est ce qu'on appelle la belle indifférence de l'hystérique à son symptôme. Le choix du symptôme somatique n'est pas indifférent. Il symbolise le compromis entre le désir et la défense. On peut donner en exemple le cas d'un garçon de 15 ans à qui sa jeune amie vient de lui annoncer qu'elle ne veut plus le voir. Peu après, il fait une syncope et à son réveil il a une cécité sans cause organique apparente qui durera quarante-huit heures. Il faut insister sur le fait que ces pertes de fonction ne sont pas des simulations ; ce sont des « oublis » involontaires et inconscients. L'hystérique a de sérieux problèmes d'identification qui le font facilement passer du rôle de la vedette à celui de persécuté selon qu'il se sent gratifié ou frustré. Il oscille en permanence entre l'intimité affective qu'il recherche mais que pourtant il craint et l'éloignement qu'il redoute et que pourtant il provoque. Le conflit œdipien affleure, se jouant principalement dans les registres libidinaux oral et phallique (Laplanche et Pontalis).

Dans la névrose obsessionnelle, au cours du refoulement, l'affect détaché est déplacé sur une représentation plus ou moins distante du conflit originel. Lorsque Freud envisage un déplacement, il ne précise pas si celui-ci se fait par contiguïté ou par ressemblance. Le linguiste Roman Jakobson rapproche le déplacement de la métonymie et y introduit un mécanisme de contiguïté. La métaphore se produirait plutôt dans les situations où le procédé utilisé serait le symbolisme, comme dans la conversion, avec un mécanisme d'association par ressemblance. Comme exemple clinique, on peut citer le cas de cette patiente, incapable de rapports sexuels qu'elle vivait comme un risque de pollution, qui avait l'obsession de la propreté et la compulsion de nettoyer ses casseroles à longueur de journée. Les mécanismes de la névrose obsessionnelle ne se limitent pas à un type de refoulement. On y relève d'autres mécanismes de défense : l'isolation d'abord, qui consiste à « isoler une pensée ou un comportement de telle sorte que leurs connexions avec d'autres pensées ou avec le reste de l'existence du sujet se trouvent rompues. Parmi les procédés d'isolation, citons les pauses dans le cours de la pensée, des formules, des rituels, et d'une façon générale toutes les mesures permettant d'établir un hiatus dans la succession temporelle des pensées ou des actes » (Laplanche et Pontalis) ; l'annulation rétroactive ensuite par laquelle « le sujet s'efforce de faire en sorte que des pensées, des paroles, des gestes, des actes passés ne soient pas advenus ; il utilise pour cela une pensée ou un comportement ayant une signification opposée. Il s'agit là d'une compulsion d'allure « magique », particulièrement caractéristique de la névrose obsessionnelle ». Une autre caractéristique de la névrose obsessionnelle est l'ambivalence pulsionnelle avec la présence simultanée de divers couples opposés : amour et haine, présence et absence, affirmation et négation, activité et passivité. L'impossibilité d'un choix entre ces couples entraîne la rumination mentale avec ses hésitations, son doute et ses scrupules. Une autre caractéristique est la régression, au sens temporel surtout, avec un retour à un stade antérieur du développement, et une fixation à ce stade qui serait en l'occurrence le stade sadique-anal. C'est le deuxième stade de l'évolution libidinale selon Freud, après le stade oral et avant les stades phallique et sexuel. « La relation d'objet, à ce stade, est imprégnée de significations liées à la fonction de défécation (expulsion-rétention) et à la valeur symbolique des fèces. On y voit s'affirmer le sadomasochisme en relation avec le développement de la maîtrise musculaire » (Laplanche et Pontalis). K. Abraham divisait le stade sadique-anal en deux phases : la plus précoce comportait un érotisme anal lié à l'évacuation et un sadisme anal lié à la destruction de l'objet ; le plus tardif, un érotisme anal lié à la rétention et un sadisme anal lié au contrôle possessif de l'objet. Selon Abraham, la première phase correspondait à la paranoïa et la deuxième à la névrose obsessionnelle. Les tendances naturelles de l'obsessionnel seraient le collectionnisme et l'entêtement pour ce qui est de l'érotisme anal et le perfectionnisme pour ce qui est du sadisme anal. Ce qui est assez propre à la névrose obsessionnelle est l'élaboration d'une formation réactionnelle aux tendances naturelles. En terme économique, il s'agit d'un « contre-investissement d'un élément conscient, de force égale et de direction opposée à l'investissement conscient » (Laplanche et Pontalis). Dans le cas particulier de la névrose obsessionnelle, la formation réactionnelle contre l'érotisme anal sera la prodigalité et contre le sadisme anal, le laxisme. Du point de vue topique enfin, la névrose obsessionnelle sera caractérisée par une relation sadomasochisme intériorisée avec un contrôle rigoureux du moi par le surmoi s'exprimant par l'autocontrainte des obsessions et des compulsions.

Dans la névrose phobique, ou hystérie d'angoisse (terme freudien un peu abandonné), l'affect n'est pas converti, mais libéré sous forme d'angoisse. La formation du symptôme phobique se fait dans un travail psychique qui lie l'angoisse devenue libre à un objet ou à une situation extérieure. Ce lien se produit à la suite d'un phénomène de symbolisation. L'exemple le plus célèbre est celui de l'observation du petit Hans d'une des cinq psychanalyses de Freud. Hans n'osait plus sortir dans la rue car il avait peur que les chevaux le mordent. En fait, c'est de son papa qu'il avait peur à une époque du conflit œdipien où il redoutait la castration paternelle. Le report de la peur sur le cheval, animal remarquable en raison de son grand « fait-pipi », symbolisait son angoisse de castration en maintenant la possibilité de la relation avec un papa qu'il aimait aussi beaucoup. Le terme de névrose phobique est réservé aux cas où le symptôme phobique est unique ou central. On peut rencontrer des troubles phobiques dans d'autres pathologies comme la névrose obsessionnelle, la névrose d'angoisse et même la schizophrénie.

A côté des névroses de transfert, Freud avait placé un autre groupe de névroses qu'il avait appelé « névroses actuelles ». Leur origine n'était pas dans les conflits infantiles, mais dans le présent. Les symptômes résultaient directement de l'absence totale ou partielle de satisfaction sexuelle. Si cette dernière explication paraît un peu démodée, la constitution du groupe est intéressante puisqu'il comprend : la névrose d'angoisse, la neurasthénie et l'hypocondrie. L'hypocondrie est un rajout tardif qu'on peut négliger. La neurasthénie est un concept qui n'est plus guère utilisé. Par contre la place ici de la névrose d'angoisse est très intéressante. Freud isole une entité faite de l'association d'une anxiété chronique à des crises d'angoisse aiguë à expression surtout somatique. L'étiologie spécifique que Freud retenait paraît aujourd'hui bien restrictive puisqu'il évoquait l'accumulation d'une tension sexuelle sans élaboration psychique, n'offrant comme seule voie de décharge l'insertion somatique sous forme d'angoisse. Dans l'hystérie, c'est l'excitation psychique qui emprunte une voie somatique. Dans la névrose d'angoisse, la tension physique ne peut passer dans le psychisme et reste sur la voie physique. Bien qu'il dise que ces deux névroses peuvent s'associer dans un tableau mixte, il préserve l'individualité de la névrose d'angoisse. Il parle même d'une sorte d'intoxication physiologique lors de la crise d'angoisse ce qui est tout à fait à l'avant-garde des conceptions biologiques actuelles des accès de panique.

Freud évoque également l'existence d'une névrose traumatique dans laquelle le traumatisme prendrait une part directe dans le contenu même du symptôme (fantasmes et rêves répétitifs de l'événement traumatisant) qui serait une tentative pour lier et abréagir le traumatisme. Cette fixation au traumatisme mobilise les investissements du sujet au point de l'inhiber dans les autres secteurs de son activité. La gravité de la névrose dépend de l'importance du traumatisme, de l'écho qu'il peut avoir vis-à-vis de conflits préexistants voire dans la mise en scène d'un fantasme inconscient, d'une prédisposition particulière. Les psychanalystes, par la suite, n'ont pas retenu de tels tableaux cliniques parmi les névroses, même si Freud avait parlé du passage possible d'une névrose traumatique à une névrose hystérique. Aujourd'hui, dans le *DSM* III R, de tels tableaux cliniques sont classés dans « les réactions aux stress situationnels ».

II. — **La théorie comportementaliste des névroses**

Le comportementalisme est l'étude des comportements humains, de leurs relations entre eux, de leurs relations avec les phénomènes de l'environnement. Il ne fait pas intervenir la notion d'inconscient et est en cela radicalement différent de la psychanalyse.

Ses origines viennent des premiers travaux de psychologie expérimentale du XIXe siècle, ceux de Weber, de Fechner et de Helmholz. Les vrais fondateurs furent les neurophysiologistes russes : Sechenov et ses élèves Pavlov et Bechterev. C'est en particulier à Pavlov qu'on doit le modèle du conditionnement classique (conditionnement répondant). Un stimulus inconditionnel déclenche une réponse inconditionnelle. Si on fait précéder le stimulus inconditionnel d'un stimulus neutre, celui-ci pourra, au bout d'un certain nombre d'associations, déclencher à lui seul la réaction conditionnelle. Il y a extinction de la réponse si l'association ne vient pas parfois l'entretenir. Watson lors de son article de 1913 « Psychology as the behaviorist views it » développe un comportementalisme radical. Selon lui, la personnalité est la somme totale de nos habitudes. Ce sont Watson et Rayner qui conditionnèrent un enfant de 11 mois à la peur des rats blancs en associant à la vue du rat (stimulus neutre) un bruit violent (stimulus inconditionnel). Plus tard il y eut une généralisation du stimulus à toutes les fourrures blanches. Heureusement, cette expérience très contestable au plan éthique se termina par la guérison de la phobie par simple extinction. Le conditionnement classique ne paraît pas une explication suffisante à l'apparition de phobies. Celles-ci ne sont pas plus fréquentes dans des situations très agressives que lors de situations plus neutres. Thorndike (1932) met en évidence le fait qu'une récompense renforce les réponses, mais qu'une punition ne produit pas toujours l'inverse. Pour Guthrie (1938), l'extinction d'une réponse vient grâce à l'interférence d'un apprentissage nouveau. Mais c'est Skinner, à partir de 1937, qui décrit un nouveau type de conditionnement : le conditionnement opérant dans lequel le comportement est en fait régi par ses conséquences. Skinner remarque que « la formulation du comportement en termes de stimulus-réponse comporte une omission grave. Elle ne comprend aucune description de l'interaction entre l'organisme et son milieu ». Un stimulus discriminatif va être à l'origine d'un comportement, mais il ne sera qu'un élément parmi d'autres produisant des effets sur le comportement. Il y a aussi ce que Skinner appelle les contingences du renforcement. Ce sont toutes les situations qui précèdent, accompagnent et suivent immédiatement le comportement. Elles interagissent entre elles et renforcent le comportement en augmentant la probabilité d'une réponse. Dans le cas d'un comportement inadapté (symptôme névrotique), il faudra identifier toutes les causes qui maintiennent ce comportement inadapté et les modifier ensuite pour essayer de le faire disparaître. C'est un travail qui se fait davantage sur les contingences de renforcement que sur le stimulus discriminatif qui est le plus souvent inévitable. Ce qui est intéressant dans le modèle de Skinner, c'est qu'il ne se limite pas aux interactions actuelles, mais aussi à l'histoire des contingences de renforcement qui seule permet de comprendre la naissance d'un comportement et son évolution. Les travaux de Mowrer s'inscrivent dans la suite de ceux de Skinner. Il propose la théorie des deux facteurs dont il donne une première version en 1960. Une phobie serait acquise lors d'une expérience traumatique. Par la suite le patient cherche à éviter la situation anxiogène, mais cet évitement renforce la potentialité à être angoissé, alors qu'une exposition prolongée finit par éteindre l'angoisse. On comprend toutefois mal ici comment la possibilité de déclencher une angoisse peut se maintenir en l'absence du stimulus inconditionnel qui l'a suscitée une première fois. Mowrer, avec Gray, a modifié en 1971 sa théorie des deux facteurs dans une deuxième version dite des signaux de sécurité. Ce qui domine la peur du phobique, c'est d'être pris au piège sans le recours possible d'un lieu de sécurité. Or ce qui compte pour lui, plus que de simples mesures d'évitement qui ne diminuent en rien son appréhension, c'est de rechercher une situation de sécurité pour faire face à l'éventualité d'une situation d'affrontement. Ces mesures sont généralement des précautions extérieures telles que l'accompagnement par une personne sûre, la prise d'un médicament ou la recherche de la proximité d'un lieu sécurisant. Le traitement va essayer d'intérioriser ces messages rassurants pour rendre inutile leur présence effective. Les travaux de Wolpe (1952-1958) s'inscrivent plutôt dans la continuité de ceux de Pavlov. « Si, en présence des stimuli responsables de l'anxiété, on installe une réponse antagoniste de celle-ci, capable de la supprimer totalement ou partiellement, les liens qui unissent stimuli et anxiété doivent s'affaiblir. » C'est ce qu'il appelle le phénomène d'inhibition réciproque déjà décrit en physiologie par Sherrington. Cela débouche sur une thérapeutique appelée désensibilisation systématique dans laquelle la relaxation de Jacobson permet d'installer une réponse antagoniste de l'anxiété et d'inhiber la réponse anxieuse liée au stimulus.

Ces théories comportementalistes rendent compte de certains symptômes névrotiques, ceux dans lesquels le trouble du comportement domine. Leurs applications thérapeutiques visent à modifier ces comportements indésirables. Ils n'expliquent guère les troubles de la pensée et les thérapeutiques utilisent peu la pensée elle-même comme agent correcteur des troubles. C'est pour répondre à cette lacune qu'un courant cognitiviste s'est fait jour, surtout à partir des années 1970, en insistant sur l'interaction entre les systèmes de pensée, le comportement et l'environnement. Parmi les principaux tenants de ce courant on peut citer Bandura et Beck. Bandura a créé un modèle de l'apprentissage social par des mécanismes d'imitation et de contiguïté-répétition. Il considère que « tout changement de comportement implique un changement cognitif et que pour changer les cognitions, il faut agir sur le comportement ». Pour Bandura si « le milieu sélectionne les conduites », il faut ajouter que « l'environnement peut également être sélectionné par l'homme notamment à travers l'activité de ses mécanismes cognitifs ». Le passé comportemental d'un sujet, l'observation des conduites d'autrui, lui donnent une image de ce qui est adapté et non adapté. Les changements de comportement procèdent d'une observation de nos comportements, mais aussi d'une observation des phénomènes extérieurs. Un sujet est généralement peu attentif aux effets de son comportement, sauf s'il arrive à en saisir la séquence des différentes interrelations. Mais cette saisie peut parfois être complètement erronée. Dans ce cas, elle peut contribuer à maintenir un comportement aberrant, même si celui-ci est une gêne pour le sujet. L'appréhension cognitive des contingences réelles de l'environnement peut contribuer à expliquer des erreurs de comportement et les rectifier. Pour obtenir un fonctionnement cognitif correct susceptible ensuite d'influer sur le comportement dans un sens favorable, il faut se donner les moyens de distinguer une pensée correcte d'une pensée fausse. Ces vérifications se font par l'application de règles logiques faisant référence à l'expérience directe compte tenu des données de la culture du milieu où le sujet vit. Dans un article de 1977 de la *Psychological Review* : « Self efficacy : toward a unifying theory of behavioral change » commenté par O. Fontaine et J. Rognant, Bandura définit un concept « d'efficacité personnelle perçue ». « Bandura attribue le déclenchement de toutes les conduites humaines aux attentes d'efficacité et de résultat que le sujet élabore cognitivement à partir de son histoire et de ses observations. Pour l'auteur, des perturbations dans ces attentes d'efficacité — soit qu'elles déclenchent, soit qu'elles inhibent l'action de manière inadéquate — entraînent la pathologie » (O. Fontaine et J. Rognant). Beck, de son côté, a développé son modèle à partir d'études sur la dépression. La cognition est décrite par lui comme le contenu de la pensée et les processus en cause dans le fait de penser. La pensée est modulée en permanence par l'activité d'un schéma cognitif ainsi que par les stimuli externes. Les schémas dépressogènes sont élaborés lors de la vie du sujet en fonction de certains événements tels qu'une perte parentale ou la dépression d'un parent. Ces schémas exercent un effet majeur lorsque l'organisation cognitive est perturbée par un certain nombre de dysfonctionnements : surgénéralisation, étiquetages inexacts, abstraction sélective. Il apparaît alors la triade cognitive responsable des symptômes dépressifs : vue négative de soi-même, du monde et du futur. Le déprimé subit alors quatre changements de motivation : paralysie de la volonté, souhait d'évitement, désir de suicide, désir de dépendance. La thérapeutique essaiera de changer les cognitions négatives du patient et le poussera à l'action en utilisant les tâches graduées et les jeux de rôle.

Ces théories et les pratiques thérapeutiques qui en découlent peuvent paraître antinomiques de la psychanalyse. Au fond, il n'en est rien, car elles s'intéressent à un autre champ de la vie psychique, celui qui concerne les faits observables. Ce champ est fort vaste. Il n'est pas vain de s'y intéresser directement. Lorsque le comportement psychique est douloureux, il paraît licite d'essayer de le modifier dans un autre sens. Cela ne paraît pas attentatoire à la liberté des sujets dans la mesure où la plus grande privation de liberté est la souffrance psychique et où tout ce qui peut la diminuer doit permettre au sujet au contraire de récupérer une partie de cette liberté.

III. — Le culturalisme

La psychanalyse avait surtout insisté sur le conflit intrapersonnel. Le mouvement culturaliste a voulu redonner aux facteurs sociologiques toute leur importance. Un des premiers anthropologues à aborder ces thèmes fut G. Roheim pour qui la culture et la névrose sont produites par les mêmes mécanismes qui sont à trouver dans l'état « d'enfance prolongée » de l'espèce humaine. Pour lui les thèmes dominants de chaque culture sont liés à la situation infantile. Le psychanalyste T. Reik a eu une œuvre très ouverte aux grands courants culturels. Il a toute sa vie recherché, comme l'écrit J. M. Alby, « par la voie de la psychanalyse archéologique à mettre l'outil psychanalytique au service des sciences humaines ». Pour R. Benedict, chaque culture possède un pattern idéologique, qu'elle appelle l'éthos de culture, qui influence directement le développement mental de l'individu. Margaret Mead a montré dans plusieurs ouvrages, comment les méthodes particulières de l'éducation des enfants avaient dans certaines cultures une influence déterminante sur le comportement général des individus. Dans *Le caractère balinais*, écrit en collaboration avec son mari G. Bateson, elle montre que la coutume consistant à développer systématiquement les rivalités entre frères et sœurs rendait le caractère de l'adulte stoïque par cet apprentissage au cours duquel il a été obligé de maîtriser ses sentiments de jalousie. Dans *Vie et mœurs en Océanie* elle montre l'influence des différences d'éducation des enfants sur le comportement agressif des adultes de deux peuplades séparées par une chaîne de montagne. Même si ces travaux n'ont pas toujours eu la rigueur scientifique souhaitée, ils gardent de l'intérêt. Pour A. Kardiner, la personnalité est fabriquée par les institutions sociales sous l'influence de problèmes nationaux déterminés par le lieu et l'Economie. F. G. Alexander a essayé de construire la structure psychodynamique d'un pays et son influence sur les individus. Il y existe toujours deux tendances, conservatrice et progressiste, qui dominent alternativement selon les périodes de l'histoire retentissant alors sur le comportement individuel. Pour E. Erikson, l'essentiel en l'homme est son sentiment d'identité. Ce sentiment résulte d'une maturation progressive avec des crises dans lesquelles le rôle essentiel est tenu par les influences sociopsychologiques. H. S. Sullivan pense que les maladies mentales trouvent leur origine dans les perturbations institutionnelles. Pour lui, les conflits intrapsychiques ne sont que des conflits interpersonnels intériorisés. K. Horney considère que le conflit caractéristique de la culture occidentale actuelle est la contradiction entre la valeur accordée à la réussite et au succès d'une part et le principe religieux de l'amour du prochain d'autre part. L'homme névrotique serait, pour elle, celui qui est victime de ce conflit de valeurs. E. Fromm, dans son livre *Echapper à la liberté* explique que la société impose aux sujets une tendance à être dominés et que cela est responsable d'une partie de leurs troubles affectifs.

Ces thèses culturalistes ont le mérite de mettre en valeur un des facteurs qui contribuent à l'apparition des symptômes névrotiques, mais elles ont parfois le tort d'en privilégier le rôle au point de minimiser les facteurs biologiques et parfois même l'histoire du sujet.

Certains faits cliniques témoignent de ce rôle de la culture, tels ces troubles du comportement qu'on trouve avec une très grande fréquence dans certaines cultures au point de n'être pas considérés comme franchement pathologiques dans ce contexte alors qu'ils seraient ressentis ailleurs comme tels. Il en est ainsi, par exemple, des états de type latah qu'on retrouve actuellement surtout dans l'Asie du Sud-Est mais qui ont existé à d'autres époques au Japon, en Sibérie et en Afrique du Nord. C'est un état de brève durée comportant une confusion mentale passagère, une émission de jurons (coprolalie) et une répétition des paroles et des actions des interlocuteurs. Cet état est souvent déclenché par une remontrance. Il contraste étrangement avec les habitudes de soumission du sujet. Il serait une réaction entre le besoin de respect de la tradition d'une culture contraignant à l'obéissance et l'envie personnelle de s'y opposer. Certaines conduites obsessionnelles à propos des thèmes de propreté sont spécifiques à certaines cultures. On donne souvent l'exemple de la « folie du nettoyage » *(die Putzwut)* des ménagères de cantons ruraux de Suisse allemande. Il s'agit, non seulement de nettoyer, mais de faire briller, aussi bien les jours de la semaine que le samedi et le dimanche. Cette activité les confine une grande partie de leur temps à la maison. De telles habitudes contraignantes sont peut-être liées au statut particulier de la femme qui n'a pas la même liberté de contacts sociaux que les hommes. Cette névrose du nettoyage est en train de disparaître ou disparaîtra au fur et à mesure d'une obtention des mêmes droits entre l'homme et la femme. Certaines phobies sont retrouvées avec une plus grande fréquence dans certaines cultures. Il en est ainsi des phobies des contacts sociaux dans la culture japonaise. Ces anthropophobies sont généralement décrites au nombre de quatre. L'éreutophobie (peur de rougir devant une tierce personne), les dysmorphophobies (crainte d'être trouvé laid) et l'autodysosmophobie (peur de dégager une mauvaise odeur) se voient également dans nos cultures, mais avec une fréquence nettement moindre. La blickphobie des auteurs allemands (peur de regarder les gens en face et d'être trouvé provocant) est une phobie typiquement japonaise. Bin Kimura pense que c'est le phénomène de la honte qui est à l'origine de ces phobies. Le Japon appartiendrait aux « cultures de honte » distinctes des « cultures de culpabilité ». Pour Kimura, au Japon, la connaissance de la honte équivaut à la connaissance de soi (Ellenberger et Murphy). Ces derniers auteurs citent le cas de problèmes névrotiques sexuels propres à certaines régions d'Asie. Dans le nord de l'Inde, le *jiryan* est la peur que l'énergie vitale se perde avec le sperme. Cette névrose se produit dans un groupe social où toute manifestation publique d'affection est interdite entre mari et femme, même en famille. Aux îles Célèbes, le *koro* est la crainte de la résorption des organes sexuels masculins à l'intérieur du corps. Il ne survient pas par épidémie, mais par cas individuels de courte durée. Dans le nord de la Thaïlande, le *shook yong* est la même peur, mais elle y survient par épidémies. Elle se produirait dans des périodes de brassage des populations et elle correspondrait à la crainte de la perte de la continuité du groupe ethnique.

IV. — La biologie des névroses

Les hypothèses biologiques des états névrotiques concernent essentiellement le groupe des états anxieux et en particulier les paniques (ou angoisses aiguës) et les phobies. Ces hypothèses sont issues de l'étude de certains effets inattendus de médicaments, ou viennent d'expérimentation sur l'animal. Les reproductions expérimentales de l'anxiété et de la dépression sont pleines d'intérêt, mais il est un peu hardi d'extrapoler à l'homme.

Ce sont les travaux de Klein (1964) qui sont partis des traitements médicamenteux. Il avait remarqué qu'un groupe de psychotropes, les antidépresseurs tricycliques, prévenaient la survenue d'attaques de panique sans modifier l'état de fond d'anxiété ni les tendances aux évitements. Il lui semblait que la prévention était meilleure dans le cas de paniques non liées à une circonstance déclenchante que dans celui de phobies liées à une circonstance précise. L'hypothèse qu'il a soutenue en 1981 est que les sujets à paniques auraient un seuil biologique bas de vulnérabilité à l'angoisse de séparation. C'est là une hypothèse qui ne paraît plus concerner directement la biologie puisqu'elle viendrait à faire de la panique un équivalent d'une angoisse de séparation. C'est une hypothèse difficile à vérifier et apparemment peu compatible avec l'observation de paniques paraissant se produire en l'absence de toute circonstance de séparation, mais on peut toujours imaginer dans ce cas l'irruption d'un fantasme.

Dans la suite des travaux de Klein, Sheehan a proposé une classification tout à fait nouvelle des phobies en en considérant deux catégories : les phobies exogènes qui seraient essentiellement dues aux circonstances de l'apprentissage et les phobies endogènes qui proviendraient primitivement d'un désordre biologique interne qui peut par la suite réagir à des phénomènes de conditionnement et avoir pour cette raison des circonstances particulières de déclenchement. Ces phobies endogènes sont en somme des phobies secondaires à des paniques essentielles.

Les données biochimiques récentes concernent surtout les phobies et les paniques. Elles sont en constant remaniement du fait du foisonnement des travaux. Il faut les présenter en relativisant leur importance à cause de deux données de l'expérimentation : la première est qu'il s'agit d'une expérimentation animale, la seconde est que les schémas neurochimiques proposés paraissent d'une simplicité réductrice par rapport à la complexité extrême du système nerveux central. On pense que lors des états anxieux il existe une hyperactivité noradrénergique et sérotoninergique. Une autre hypothèse est qu'il y ait une hypoactivité de circuits inhibiteurs de cette activité noradrénergique. Or en étudiant le mode d'action des benzodiazépines qui sont des médicaments antianxieux, on constate qu'ils agissent sur des récepteurs de la membrane neuronale. Ces récepteurs aux benzodiazépines seraient en relation étroite avec un autre type de récepteurs : les récepteurs à l'acide gamma-aminobutyrique (récepteurs GABA) ; or, le système GABA serait inhibiteur du fonctionnement des circuits noradrénergiques et sérotoninergiques. Il semble que le site d'action des anxiolytiques serait dans le système limbique et en particulier dans la région septo-hippocampique et ses afférences. En médecine expérimentale la lésion de ces régions donne les mêmes modifications comportementales que l'administration d'anxiolytiques.

Il est possible que les anxiolytiques agissent sur les afférences principales du système septo-hippocampique : la voie noradrénergique provenant du *locus coeruleus* et la voie sérotoninergique provenant des noyaux du raphé ; et cela par l'intermédiaire du système inhibiteur GABA. Le système GABA enverrait des afférences dans le *locus coeruleus* et dans les noyaux du raphé et, en cas de renforcement de son fonctionnement, il y inhiberait les décharges cellulaires de ces deux centres. Cette hypothèse a permis à Gray de proposer une modélisation de l'anxiété dans laquelle la région septo-hippocampique joue un rôle de comparateur entre stimuli effectivement survenus et stimuli attendus. L'originalité de ce modèle mérite qu'il serve de conclusion à ce chapitre des théories biochimiques. Auparavant, on peut faire état de deux ordres de travaux concernant les troubles anxieux (paniques et phobiques) : ceux à propos des effets de la perfusion de lactate de sodium et les travaux génétiques.

a) Si on fait des perfusions de lactate de sodium à des sujets n'ayant jamais fait d'attaque de panique, ces perfusions sont sans effet. Si on les fait à des sujets qui en ont fait, la perfusion déclenche une attaque de panique semblable aux attaques spontanées. L'administration préalable d'antidépresseurs tricycliques empêche la survenue de la panique. Le mécanisme d'action du lactate ne paraît pas très clair. On a pensé qu'il induisait une alcalose respiratoire responsable du déclenchement de la crise. Il a été remarqué que les sujets faisant des paniques avaient tendance à avoir une hyperventilation chronique qui peut expliquer le terrain favorisant les paniques d'une part et l'hypersensibilité au lactate d'autre part. Des critiques ont été faites à ces études qui ne sont plus aussi probantes si on élimine certaines circonstances installées préalablement à la perfusion et pouvant à elles seules être éventuellement une cause déclenchant des paniques (phénomènes cognitifs et environnementaux). Le rôle de l'hyperventilation dans le déclenchement des crises spontanées et de celles sous lactate paraît aujourd'hui une donnée importante qui mérite d'être prise en compte dans les protocoles thérapeutiques (Bonn *et al.*).

b) Les études génétiques sont nombreuses sans être toujours tout à fait convaincantes. Crowe ne confirme pas l'association entre la névrose d'angoisse et le prolapsus de la valve mitrale qui avait été souvent affirmée. Il pense que les attaques de panique spontanées ont un caractère familial. On a souvent fait la remarque qu'il y a une association fréquente entre l'agoraphobie avec attaques de panique et la dépression. Elle existerait dans deux tiers des cas. Weissman et coll., pensent qu'il y a une transmission familiale des deux types de troubles. Torgensen, dans une étude comparative de paires de jumeaux monozygotes et dizygotes, paraît démontrer que l'anxiété chronique n'a pas d'origine génétique, mais que les attaques de paniques spontanées avec ou sans agoraphobie secondaire sont d'origine génétique.

Le modèle de l'anxiété de Gray est d'une très séduisante originalité. Le centre du système est fait du système septo-hippocampique dont on peut rappeler les afférences noradrénergiques issues du *locus coeruleus* et les afférences sérotoninergiques issues des noyaux du raphé. Il faut y adjoindre le circuit de Papez, avec des influx partant de l'*uncus* de l'hippocampe (qui reçoit lui-même des afférences de l'aire 1 de la corne d'Ammon de l'hippocampe) vers les corps mammillaires dans l'hypothalamus, vers le thalamus antérieur puis vers le cortex cingulaire, avec finalement retour à l'uncus de l'hippocampe. Il s'intègre aussi au système : les influx néocorticaux arrivant à l'hippocampe de l'aire entorhinale du lobe temporal ; le cortex préfrontal qui se projette vers l'aire entorhinale et le cortex cingulaire ; les voies reliant ces structures entre elles. Ce vaste système se comporte comme un comparateur de stimuli. Il va comparer les stimuli effectivement survenus avec les stimuli prévus. Et dès lors, il a deux fonctionnements possibles. Si le stimulus réel ressemble au stimulus attendu, le système fonctionne en mode « vérification » seulement et ce seront d'autres systèmes cérébraux qui assureront le contrôle comportemental. Si le stimulus diffère nettement du stimulus attendu en appartenant à une des catégories suivantes : stimulus de punition, stimulus de non-récompense, stimulus nouveau, il y a une annonce de « non-assortiment » et le système fonctionne alors en mode « commande » et les différents types de sortie du système sont alors exploités : inhibition du comportement, augmentation du niveau de vigilance, augmentation de l'attention. Le programme moteur, en cours de réalisation au moment de l'annonce « non-assortiment », se voit affecté d'une mention « erreur, à vérifier ». Les conséquences d'avenir de la mise en route du mode « commande » feront que la suite du programme sera exécutée de façon plus lente et que la fonction de vérification sera encore plus attentive. Une démarche exploratoire particulière se produira pour les stimuli de punition et de non-récompense. Si le système n'exerce plus momentanément sa fonction d'autorégulation, l'accès de panique va s'installer. Si les conséquences lointaines de la mise en route du mode « commande » sont excessives, des symptômes peuvent apparaître. Ainsi, si les programmes suivants sont exécutés avec une lenteur excessive, avec inhibition motrice et idéique il se manifestera une dépression. Si des hésitations s'installent, avec des conduites exploratoires, des vérifications sans fin avec des phénomènes de répétition dans les contrôles, il se manifestera des troubles obsessionnels (obsessions et compulsions). Même au niveau d'hypothèses où il paraît encore se situer, ce travail est fécond.

Des travaux plus récents ont montré le rôle d'un neurotransmetteur, la cholécystokinine, dans l'induction des attaques de panique pouvant donner l'espoir qu'un inhibiteur de ses récepteurs pourrait être un agent thérapeutique (Bourin).

On sait aujourd'hui que les situations anxiogènes ont des conséquences sur les réponses immunes sans qu'on puisse démontrer toutefois qu'elles agissent directement sur la genèse de certaines maladies.

Des avancées se sont faites aussi dans la compréhension et le traitement des troubles obsessionnels compulsifs (TOC). Avec la caméra à positons, on a mis en évidence des anomalies à la fois dans le cortex frontal et dans les noyaux gris centraux (Lesch) (Nordahl). Le TOC serait pour cette raison en même temps un trouble du comportement général et un tic de l'esprit. La dysrégulation des noyaux hypothalamiques centraux toucherait surtout les récepteurs 5 HT à la sérotonine. Ce qui rendrait efficaces les antidépresseurs ayant une action de blocage de ces récepteurs soit non spécifique comme c'est le cas de la clomipramine, soit spécifique comme c'est le cas de certains nouveaux antidépresseurs comme la fluoxétine, le fluvoxamine, la sertraline et la paroxétine (Stahl).

V. — **Un nouveau modèle neurobiologique** (A. Bourguignon)

Les progrès récents de la neurobiologie et de la théorie de l'information ont fait proposer un nouveau modèle par André Bourguignon.

Au cours de l'ontogénèse, le système nerveux central (SNC) est soumis à une double détermination, génétique et épigénétique. Rappelons que l'épigénèse résulte de l'ensemble des interactions entre les divers composants de l'encéphale et entre ceux-ci et le monde extérieur, en particulier psychologique et social, et cela jusqu'à l'âge de 20 à 25 ans marquant la fin de la croissance et de la maturation. Le câblage du cerveau est étroitement déterminé ; mais les caractéristiques structuro-fonctionnelles du cerveau, en dehors de toute pathologie, sont très variables d'un individu à l'autre, ce qui entraîne des différences interindividuelles notables, quant à la fiabilité et à la compétence du SNC. Dans le domaine des névroses, aucune anomalie génétique du SNC n'a été signalée. Par contre, les circonstances de l'épigénèse vont jouer un rôle considérable dans ce domaine. Comme le génome ne peut assurer la spécification fonctionnelle de tout le SNC, celle-ci sera en partie l'œuvre de l'environnement, par l'intermédiaire du processus de stabilisation sélective des synapses (Changeux). En d'autres termes, les synapses, dont la fonction n'est pas spécifiée par le génome, reçoivent leur spécification fonctionnelle de l'environnement, en particulier, chez l'Homme, de l'environnement socio-affectif des premières années de la vie de l'enfant. Cet environnement laissera une empreinte définitive, surtout dans les structures sous-corticales, car la maturation définitive du cortex est relativement tardive. Bien entendu, toutes les synapses ne sont pas stabilisées dans l'enfance, puisque l'Homme est capable d'acquisitions cognitives pratiquement jusqu'à la fin de sa vie ; mais ses relations socio-affectives, elles, sont particulièrement stables parce que fixées précocement. L'environnement peut donc être considéré comme pathogène, dans le cas des névroses, quand ses apports sont aberrants ou inadéquats ; autrement dit, quand il ne tient pas compte des besoins — génétiquement déterminés — du SNC et donc de l'enfant, besoins spécifiés du point de vue qualitatif, quantitatif et temporel, comme par exemple le besoin d'attachement et de contacts sociaux. Quand il n'y a pas adéquation entre les apports du milieu et les besoins du psychisme, le SNC est contraint à un travail d'auto-organisation (Atlan) prématuré pour s'adapter et maintenir sa cohérence, travail réalisable du fait de la grande plasticité du cerveau humain. Il va de soi que l'environnement dans lequel grandit un enfant n'est jamais totalement adéquat, car la culture et les méthodes d'élevages actuelles sont fort éloignées de celles qui ont été mises en mémoire dans notre génome depuis des millénaires. Ce travail d'auto-organisation neuropsychique se poursuit toute la vie. C'est lui qui permet de faire face à toutes les situations imprévues et/ou traumatisantes. En ce qui concerne l'éventuelle survenue d'une névrose plusieurs possibilités sont à envisager :

1) Si le développement d'un SNC fiable et compétent se déroule dans un environnement suffisamment adéquat, il n'y a pas de pathologie névrotique en dehors de la « névrose culturelle normale », dont le complexe d'Œdipe est une des composantes majeures. Le sujet est capable d'affronter toutes les situations grâce à ses bonnes capacités psychiques d'auto-organisation, attestées, par exemple, par l'heureux aboutissement du travail de deuil, qui s'effectue hors de la conscience ;
2) Si le SNC est fiable et compétent, mais si le milieu, au cours du développement, est insuffisamment adéquat, le neuropsychisme met en jeu des processus d'auto-organisation pour rétablir sa cohérence et se protéger des traumatismes, de l'angoisse et du déplaisir ; mais au prix d'un gauchissement plus ou moins étendu des relations psycho-affectives, du comportement et du fonctionnement psychique, qui prend la forme de mécanismes de défense et de symptômes. Dans les névroses graves, invalidantes, ces trois niveaux sont en général troublés. A l'opposé, certaines névroses laissent les fonctions cognitives et le comportement social intacts, pour n'affecter, à des degrés divers, que les relations socio-affectives dans ce qu'elles ont de plus impliquant ;

3) Quand le SNC a une fiabilité et une compétence altérées, mais que l'environnement a été adéquat, l'avenir dépend de la persistance de cette adéquation, sans quoi des troubles névrotiques peuvent apparaître.

Sur le plan pratique, ce modèle a l'intérêt de mettre l'accent sur la nécessité d'une prévention précoce. Du point de vue pronostique et thérapeutique, il implique que les divers traitements symptomatiques soient accompagnés d'une psychothérapie qui, d'ailleurs, mobilise plus aisément la dimension cognitive du psychisme que ses fondements socio-affectifs.

BIBLIOGRAPHIE

Abraham K., *Œuvres complètes*, Paris, Payot, 1965.

Alby J.-M., *Theodor Reik*, Paris, Clancier-Guénaud, 1985.

Alexander F. G., *The western mind in transition*, New York, Random House, 1960.

—, Selesnick S. T., *Histoire de la psychiatrie*, Paris, Armand Colin, 1972.

Bandura A., *Principles of behavior modification*, New York, Holt, Rinehart & Winston (éd.), 1969.

—, *Social learning theory*, Englewood Cliffs, New Jersey, Prentice Hall Inc. (éd.), 1977.

—, Self efficacy : toward a unifying theory of behavioral change, *Psychol. Rev.*, 1977, 84, n° 2, 191-215.

Baxter L. R., Phelps M. E., Mazziotta J. C., Guze B. H., Schwartz J. M., Selin C. E., Local cerebral glucose metabolic rates in obsessive-compulsive disorder, *Arch. Gen. Psychiatry,* 1987, 44, 211-218.

Beck A. T., *Dépression : clinical, experimental and theoretical aspects*, New York, Hoeber Medical Division, Harper & Row (éd.), 1967.

—, Cognitive therapy : Nature and relation to behavior therapy, *Behav. Ther.*, 1979, 1, 184-200.

—, *Cognitive therapy and the emotional disorders*, New York, Int. Univ. Press Inc. (éd.), 1976.

Benedict R., *Patterns of Culture*, Boston, Houghton Mifflin, 1934.

Bonn J. A., Readhead C. P., Timmons B. H., Entranced adaptative behavioural response in agoraphobic patients pretreated with breathing retraining, *The Lancet*, 1984, septembre 22, 665-669.

Bourguignon A., Fondements neurobiologiques pour une théorie de la psychopathologie. Un nouveau modèle, *Psychiatrie de l'enfant*, 1981, XXIV, 2, 445-540.

—, *L'homme imprévu*, Paris, PUF, 1989.

Bourin M., Bradwejn J., Nixon M. K., Provocative agents and the biology of panic attacks in anxiety : Neurobiology, clinic and therapeutic perspectives, Ed. M. Hamon, H. Ollat, M. H. Thiébot, *Colloque Inserm/John Libbey Eurotext Ltd.*, 1993, vol. 232, p. 15-23.

Cottraux J., Mollard E., *Les phobies, perspectives nouvelles*, Paris, PUF, 1986.

Crowe R. R., Noyes R., Pauls D. L., Slynen D., A family study of panic disorder, *Arch. Gen. Psychiatry*, 1983, 10, 40, 1065-1069.

Crowe R. R., Pauls D. L., Slynen D. J., Noyes R., A family study of anxiety nevrosis : morbidity risk in families of patients with and without mitral valve prolapse, *Arch. Gen. Psychiatry*, 1980, 37, 77-79.

Demoulin P., *Névrose et psychose. Essai de psychopathologie phénoménologique*, Louvain et Paris, Nauwelaerts, 1967.

Ellenberger H. F., Murphy H. B. M., Les névroses et les états mineurs, *Encycl. Méd. Chir.*, Paris, Psychiatrie, 4-1978, 37 725 B 10.

Erickson E., *Childhood and society*, New York, W. W. Norton & Co., Inc., 1950.

Fontaine O., Rognant J., Les thérapies comportementales. Approche théorique, *Encycl. Méd. Chir.*, Paris, Psychiatrie, 37 820 A 40, 1-1986, 18 p.

Freud S., *Correspondance*, Paris, « NRF », 1966.

—, Breuer J., *Etudes sur l'hystérie*, Paris, PUF, 1956.

—, *La naissance de la psychanalyse*, Paris, PUF, 1956.

—, *Cinq psychanalyses*, Paris, PUF, 1966.

—, *Névrose, psychose et perversion*, Paris, PUF, 1978.

—, *Inhibition, symptôme et angoisse*, Paris, PUF, 1978.

—, *Introduction à la psychanalyse*, Paris, Payot, 1962.

—, *Essais de psychanalyse*, Paris, Payot, 1981.

—, *Métapsychologie*, Paris, Payot, 1968.

Fromm E., *Escape from freedom*, New York, Rinehart and Co., 1941.

Gray J. A., *The neuropsychology of anxiety : an enquiry into the functions of the septo-hippocampal system*, Oxford, Oxford University Press, 1982.

—, Quintero S., Mellauby J., Gamma-aminobutyrate, the benzodiazepine and the septo-hippocampal system, in *Benzodiazepines Divided*, M. Trimble, Ed. Chichester, Wiley, 1983.

Guthrie E. R., *The psychology of human conflict*, New York, Harper & Row (ed.), 1938.

Horney K., *La personnalité névrotique de notre temps*, Paris, L'Arche, 1953.

Kardiner A., Adaptational theory : the cross cultural point of view, in *Changing concept of psychoanalytic medecine*, Ed. S. Rado et G. E. Daniels, New York, Grune & Stratton Inc., 1956.

Kimura B., Struktur des Sebstbewusstseins beim japaner im spiegel der sogenaunten « Anthrophobien », *Transcultural Psychiatric Research Review*, 1971, 8, 129-130.

Klein D. F., *Anxiety reconceptualized, in Anxiety new research and changing concepts* (Klein et Rabkin, éd.), New York, Raven Press, 1981.

Lesch K. P., Hoh A., Disselkamp-Tietze J., Weismann M., Osterheider M., Schulte H. M., 5-Hydroxytryptamine 1A receptor responsitivity in obsessive-compulsive disorder, *Arch. Gen. Psychiatry*, 1991, 48, 540-547.

Mead M., *Mœurs et sexualité en Océanie*, Paris, Plon, 1963.

—, Bateson G., *Balinese character*, New York, New York Academy of Sciences, 1942.

Mowrer O. H., *Learning theory and behaviour*, New York, Wiley, 1960.

Nordahl T. E., Benkelfat C., Semple W. E., Gross M., King A. C., Cohen R. M., Cerebral glucose metabolic rates in obsessive compulsive disorder, *Neuropsychopharmacology*, 1989, 2, 23-28.
Pavlov I. P., *Œuvres choisies*, Moscou, Edition en langues étrangères, 1954.
—, *Lectures on conditioned reflexes*. Vol. 2 : *Conditioned reflexes and psychiatry*, New York, International Publisher (éd.), 1941.
Roheim G., The origin and function of Culture, *Nervous and mental disease Monograph*, n° 69, 1943.
—, *Psychoanalysis and Anthropology*, New York, International Universities Press, 1950.
Sheehan D. V., Sheehan K. H., The classification of phobic disorders, *International J. Psychiatry in Medecine*, 1982-1983, 12 (4), 243-266.
Skinner B. F., *The behavior of organisms : an experimental analysis*, New York, Appleton century (éd.), 1938.
—, *Science and human behavior*, New York, Mac Millan (éd.), 1953.
Stahl S. M., Serotoninergic mechanisms and the new antidepressants, *Psychol. Med.* (in press).
Sullivan H. S., *The interpersonal theory of psychiatry*, Perry H. S., Gawel M. L., (éd.), New York, W. W. Norton and Co., 1953.
Thorndike E. L., *The fundamentals of learning*, New York, Teachers College (éd.), 1932.
Torgensen S., Genetic factors in anxiety disorders, *Arch. Gen. Psychiatry*, 1983, 40, 1084-1085.
Watson J. B., Psychology as the behaviorist views it, *Psychol. Rev.*, 1913, 20, 158-177.
—, *Behaviorism*, Chicago University Press (éd.), 1924.
—, Rayner R., Conditioned emotional reactions, *J. Exp. Psychol.*, 1920, 3, 1-14.
Weissman M., Leckman J., Merikangas R., Gammon G., Prusoff B., Depression and anxiety disorders in parents and children, *Arch. Gen. Psychiatry*, 1984, 41, 845-852.
Wolpe J., *The practice of behavior therapy* (3e éd.), New York, Pergamon Press (éd.), 1982.
—, *Theme and variations : a behavior therapy case book*, New York, Pergamon Press (éd.), 1976.
—, *Psychotherapy by reciprocal inhibition*, Stanford, Stanford University Press (éd.), 1958.
—, Experimental neuroses as learned behavior, *Br. J. Psychol.*, 1952, 43, 243-268.

CHAPITRE II

CLINIQUE DES ÉTATS NÉVROTIQUES

Naguère il était habituel de présenter les névroses en quatre familles : trois névroses structurées, la névrose phobique, la névrose obsessionnelle et la névrose hystérique, et une névrose non structurée, la névrose d'angoisse. A côté de ces grands tableaux cliniques riches en symptômes, on décrivait des troubles de la personnalité isolés correspondant aux trois principales structures névrotiques. Selon les traditions historiques de la psychiatrie, on mentionnait les personnalités évitantes, les personnalités obsessionnelles et psychasthéniques et la personnalité hystérique ou histrionique. Ces types de personnalité peuvent aussi, bien entendu, être associés aux névroses correspondantes. Enfin, on avait coutume de décrire d'autres états névrotiques, soit en privilégiant une pathologie associée comme la dépression névrotique, soit en privilégiant une étiologie comme la névrose traumatique, soit en privilégiant un symptôme comme l'hypocondrie.

Le *DSM* III R propose des regroupements basés sur l'observation et le désir de constituer des groupes homogènes. Ainsi, il décrit : *a)* Un chapitre d'états névrotiques anxieux et phobiques où on trouve : le trouble panique (avec et sans agoraphobie), l'agoraphobie sans antécédent de trouble panique, la phobie sociale, la phobie simple, la névrose obsessionnellecompulsive, l'état de stress post-traumatique, l'anxiété généralisée ; *b)* Un chapitre de troubles somatoformes où on trouve : la peur d'une dysmorphie corporelle, la névrose hystérique de type conversif, la névrose hypocondriaque, la somatisation, le trouble somatoforme douloureux ; *c)* Un chapitre de troubles dissociatifs où on retrouve les autres manifestations de l'hystérie. Les troubles de personnalité sont décrits à part et la névrose dépressive est classée parmi les états dépressifs.

Dans l'état actuel des connaissances, aucune présentation n'est exempte de critiques, toutes les associations symptomatiques étant possibles. Il sera décrit quatre groupes de troubles :

1) les troubles anxieux, paniques et phobiques ;
2) les troubles obsessifs-compulsifs ;
3) les troubles hystériques ;
4) les troubles somatoformes en dehors des conversions : somatisations multiples et hypocondrie ;
5) les troubles difficiles à répertorier.

Les troubles de la personnalité seront décrits avec les symptômes auxquels ils s'associent habituellement. La névrose traumatique et la dépression névrotique ne seront pas individualisées, leur présence pouvant être notée dans la plupart des groupes (1, 2, 3 et 4 pour la dépression ; 1, 3 et 4 pour la névrose traumatique).

I. — **Les troubles anxieux, paniques et phobiques**

On peut décrire dans l'ordre : l'anxiété, l'attaque de panique, l'agoraphobie, les phobies sociales, les phobies simples, les phobies de transition à d'autres troubles psychiatriques, les troubles de personnalité associés.

1. **L'anxiété.** — C'est un état psychophysiologique qui fait naturellement partie de toute vie humaine. On le constate à toutes les étapes de la maturation de l'enfant, après tous les événements de la vie présentant un certain caractère de nouveauté. L'anxiété permet d'anticiper un événement attendu en mobilisant la vigilance. Elle participe au fonctionnement de nos mécanismes d'adaptation. Toutefois l'anxiété peut avoir un caractère pathologique, soit par sa durée, soit par son incapacité à favoriser les adaptations ou sa capacité au contraire à les gêner, soit par son indépendance vis-à-vis des événements extérieurs devenant alors une sorte de phénomène inutile.

Sheehan propose en 1984, sur des arguments biochimiques, de distinguer deux types d'anxiété : une anxiété exogène qui serait une sorte d'anxiété d'ajustement et qui pourrait exister isolément ou accompagnée des phobies et une anxiété endogène qui serait caractérisée par des attaques de panique spontanées et récurrentes. C'est la première des deux qui est décrite ici.

L'anxiété généralisée se manifeste par un certain nombre de signes. Il y a d'abord une tension motrice avec secousses musculaires, tremblement, hypertonie diffuse, douleurs musculaires, fatigabilité, fébrilité. Il y a aussi des troubles neurovégétatifs très divers et variables d'un sujet à l'autre. Chacun a généralement un répertoire personnel parmi : sécheresse de la bouche, sueurs, palpitations, extrémités froides et moites, fourmillements des mains et du visage, étourdissements, sensation de gêne épigastrique ou de gorge serrée, troubles vaso-moteurs cutanés (sensation de froid ou de chaud), pollakiurie, diarrhée, hyperventilation pulmonaire. Il y a enfin des manigestations cognitives et affectives : appréhension, rumination de soucis et de craintes, pessimisme, anticipation douloureuse des événements, hypervigilance dans des secteurs précis et distractibilité pour les autres, difficultés de concentration, endormissement difficile, réveils nocturnes et fatigue au réveil du matin.

Avant de parler d'anxiété généralisée isolée, il faut être sûr qu'il n'y a pas une cause toxique comme le caféisme, une maladie somatique comme une hyperthyroïdie et une autre affection psychiatrique comme une dépression, une schizophrénie, une hypocondrie ou des troubles obsessionnels. Ces associations sont très fréquentes et doivent être recherchées. Sheehan n'en fait du reste pas des associations, mais pour certaines d'entre elles de véritables formes évolutives. Il place ces formes évolutives dans le groupe de l'anxiété endogène qu'il divise en six phases : *a)* les sub-attaques de panique ; *b)* les attaques de panique ; *c)* la nosophobie et l'hypocondrie ; *d)* l'évitement phobique limité ; *e)* l'évitement phobique généralisé ; *f)* la dépression majeure secondaire.

2. **Les attaques de panique.** — Il y avait dans le vocabulaire français un mot parfait pour les désigner, celui d'angoisse. Le vocabulaire anglais n'avait que le mot *anxiety* qu'on ne pouvait employer pour désigner deux états différents. C'est pourquoi il fut utilisé le vocable *panic attack* que les Français ont repris à la place de crise d'angoisse aiguë. L'attaque de panique a un certain nombre de caractères qui en font une entité précise et aisément identifiable :

a) Sa survenue est brutale et imprévisible sans aucune circonstance déclenchante apparente ;
b) La crainte est intense avec tantôt la peur de mourir, tantôt celle de devenir fou ou de ne plus pouvoir contrôler ses actes ;

c) Il existe des manifestations somatiques associées, souvent intenses, et pouvant au moins la première fois poser le problème d'une urgence de médecine interne. Le même sujet répétera souvent le même type de troubles qui peuvent être des douleurs thoraciques, ou une dyspnée aiguë, ou des vertiges, ou des lipothymies, ou des tremblements avec secousses musculaires, ou des paresthésies, ou des sensations d'irréalité.

La crise dure quelques minutes, rarement plus d'une heure. Une attaque peut être isolée ou se répéter. Il semble que ce trouble soit assez répandu dans la population avec une prédominance féminine nette. Ce trouble en lui-même est bénin et peu invalidant s'il reste isolé. L'évolution du trouble peut être défavorable s'il se complique. Sheehan évoque une évolution en six phases possibles comme cela est mentionné plus haut. Les étapes de Sheehan n'ont peut-être pas ce déroulement obligatoire. Le mérite de cet auteur est d'insister sur certaines complications possibles en particulier somatique (hypocondrie) et dépressive dont la fréquence est probablement grande après un temps assez long d'évolution. La complication la plus courante est l'agoraphobie secondaire. Le patient, craignant d'avoir des paniques loin d'un secours possible, finit par limiter ses sorties et exiger un accompagnement.

Le terme de névrose d'angoisse désigne l'association d'une anxiété généralisée à des attaques de panique.

3. **L'agoraphobie.** — Une phobie est une crainte d'un objet ou d'une situation. Cette crainte est donc généralement provoquée, prévisible, situationnelle et évitable par le sujet, contrairement à la panique.

La crainte est d'habitude jugée excessive ou même irrationnelle par rapport à la dangerosité de la rencontre avec l'objet ou la mise en situation. Toutefois cette possibilité de critique n'empêche pas une absence totale de maîtrise dans le cas d'une circonstance de confrontation et, si celle-ci se produit, la réaction d'angoisse est très intense. La phobie entraîne des manœuvres d'évitement qui en accentuent l'intensité. Elle est moins forte si le sujet n'est pas seul. La phobie induit des craintes pour soi mais habituellement n'induit pas de craintes au sujet des autres. L'agoraphobie qui est la plus fréquente et la plus invalidante des phobies est un terme qui vient du grec *agora* qui signifie « emplacement de réunion ou de marché ». Par extension du sens initial, l'agoraphobie désigne toute une série de peurs : peur de la foule, des lieux publics, peur de voyager seul dans des transports collectifs, peur de quitter seul la maison ou d'y rester seul, peur de se retrouver isolé dans certains lieux ; la peur peut s'accentuer si ce lieu est dépourvu de possibilité de fuite tel qu'un tunnel, un pont ou un ascenseur. L'élément central de l'agoraphobie paraît être marqué par l'appréhension et la manœuvre d'évitement de toutes les situations agoraphobiques car l'une et l'autre sont à l'origine de l'état d'angoisse avec ses manifestations physiologiques et cognitives telles que la peur de la peur (Marks).

Dans les antécédents des agoraphobes on retrouve dans 80 % des cas des antécédents d'attaques de panique. La plupart des agoraphobies sont donc secondaires à ce trouble. Il y a tous les degrés entre une agoraphobie légère maintenant une vie familiale et sociale normale et une agoraphobie majeure confinant les gens chez eux avec une compagnie permanente. Toutes les associations sont possibles avec le maintien d'attaques de paniques spontanées, avec d'autres phobies, avec une anxiété généralisée et avec une dépression.

4. **Les phobies sociales.** — Si l'agoraphobie est beaucoup plus fréquente chez la femme que chez l'homme, au même titre d'ailleurs que les paniques spontanées, les phobies sociales sont aussi fréquentes chez l'homme que chez la femme. Ces données épidémiologiques plaident en faveur de l'hypothèse de l'identité du trouble panique-agoraphobie et de la distinction de nature des troubles agoraphobie/phobie sociale. Les phobies sociales peuvent être définies par l'anticipation anxieuse ou l'évitement de toute une série de situations où le sujet risque d'être observé par les autres et où il craint d'avoir un comportement lui donnant un sentiment de honte. Il peut s'agir de la peur de parler en public, de manger ou de boire en public, d'écrire en public, d'utiliser des toilettes publiques. Généralement un sujet a de façon élective une de ces craintes. Les phobies sociales sont peu invalidantes bien qu'elles puissent gêner le développement d'une carrière professionnelle ou empêcher de voyager. Ce trouble est beaucoup moins fréquent que l'agoraphobie.

5. **Les phobies simples.** — C'est la peur irrationnelle d'un objet ou d'une situation spécifique, lorsque cette peur est isolée, localisée sur le sujet de cette crainte, sans association à une agoraphobie ou à une phobie sociale. Elles sont généralement peu gênantes et d'évolution stable. Le répertoire de ces phobies est tout à fait considérable, aussi illimité que les sujets des fantasmes humains. On note par exemple : la phobie des animaux (chiens, serpents, insectes, souris...) ; la claustrophobie ou peur des endroits clos ;

l'acrophobie ou peur des hauteurs ; la peur des phénomènes naturels (orage, feu...), la peur des étendues d'eau ; la peur des blessures, du sang, etc.

6. **Les phobies de transition à d'autres troubles psychiques.** — Ce sont des symptômes auxquels on a donné le nom de phobies bien qu'ils n'en aient pas le caractère. Ainsi en est-il des phobies d'impulsion, des nosophobies et des anthropophobies.

a) Les phobies d'impulsion. — Il s'agit de la crainte d'utiliser un objet ou une situation pour agresser autrui ou soi-même. Par exemple, la phobie des objets tranchants sera la peur d'avoir une impulsion irrésistible à prendre un couteau pour blesser quelqu'un ou soi-même. Habituellement les phobies expriment la crainte d'un danger personnel. La crainte d'un danger pour autrui relève davantage de l'anxiété et de l'univers obsessionnel. Lorsque la peur des objets tranchants s'accompagne de manœuvres d'évitement, qu'elle est moins grande en présence de tiers sécurisant et qu'elle disparaît en l'absence de l'objet, on est en présence de l'univers phobique. Si cette peur n'est pas l'objet d'évitement, si la présence de tiers sécurisant ne l'apaise pas, si elle devient permanente même en l'absence de l'objet, on a plutôt affaire à l'univers obsessionnel. Il en est ainsi d'une autre phobie d'impulsion, celle de la défenestration. Le passage à l'acte est rarissime dans les obsessions impulsives. Il est fréquent lorsque la phobie d'impulsion s'intègre à un état mélancolique.

b) La nosophobie. — La peur de contracter les maladies peut être une simple manifestation d'anxiété plus ou moins passagère. Lorsqu'il s'agit de la crainte de la contamination microbienne, on entre plutôt dans l'univers obsessionnel avec la permanence de la crainte et l'impossibilité du recours efficace aux moyens d'évitement puisque les microbes sont partout. La peur des maladies sexuellement transmissibles avait un peu disparu en raison de la guérison des syphilis. Elle réapparaît depuis le développement du SIDA.

La nosophobie peut faire partie d'un état dépressif. Si elle est associée à d'autres symptômes névrotiques, il s'agira d'une dépression névrotique. Si la conviction d'être malade est absolue et rattachée à l'expiation de ses fautes, il s'agira d'une mélancolie délirante. Si la nosophobie est isolée, l'hypothèse d'une dépression ne doit pas être abandonnée et la découverte d'un ralentissement dépressif mettra sur la voie d'une dépression masquée (1).

c) Les anthropophobies. — La peur d'être vu en train de rougir peut être une phobie sociale, par contre la peur permanente de rougir avec son camouflage derrière des maquillages est davantage une obsession. La peur de dégager de mauvaises odeurs a un caractère nettement obsédant. Elle peut même être une idée délirante si elle s'accompagne de la conviction de sentir mauvais. Les dysmorphophobies qui sont les craintes d'avoir une disgrâce physique peuvent appartenir à deux registres différents. Tantôt il s'agit d'une obsession avec son cortège de doutes et de ruminations anxieuses. Le sujet se rend compte que son esprit est assailli par cette peur d'être atteint d'une disgrâce physique. Il sait bien qu'en fait il ne l'a pas réellement, mais il n'arrive pas, en dépit de ses tentatives de réassurance, à s'en convaincre réellement ni à en être convaincu par les autres. Tantôt il s'agit de la conviction absolue d'être atteint d'une difformité en dépit d'une apparence tout à fait banale. Il n'y a

(1) Enfin la nosophobie peut s'associer à l'hypocondrie qui sera décrite plus loin.

pas de tentative de réassurance puisqu'il n'y a aucune mise en question de la conviction. C'est bien une idée délirante. De telles idées peuvent se voir au début des schizophrénies dont elles peuvent être révélatrices. Elles peuvent entraîner une demande d'intervention chirurgicale qui n'apporterait bien entendu aucun soulagement.

7. **Les troubles de personnalité associés.** — Il est décrit des traits de caractère phobique dont deux au moins sont au centre de son fonctionnement psychique : l'anticipation anxieuse des événements avec une organisation très active pour aménager la situation et utiliser l'entourage pour favoriser ces aménagements ; les évitements des situations qui paraissent avoir un effet pérennisant sur les craintes au point qu'une des thérapeutiques de l'agoraphobie est la mise en situation d'affrontement. Le phobique paraît en apparence inhibé et en retrait, mais il est en réalité très actif pour mobiliser autour de lui les secours et sa passivité est trompeuse. Il peut quelquefois déborder d'activité dans certains domaines qui lui servent alors à une revalorisation à ses yeux et aux yeux des autres avec même des prises de risques surprenants. C'est ce qu'on appelle les activités contraphobiques.

Un type de personnalité pathologique est souvent associé aux phobies sociales, c'est la personnalité évitante faite selon les critères du *DSM* III R : d'une facilité à être blessé par la critique, d'une absence d'ami proche, d'une réticence à s'impliquer avec autrui, d'un évitement des activités sociales, d'une réserve dans les situations sociales, d'une exagération des difficultés potentielles.

Avant de clore cette clinique des états anxieux, incluant les paniques et les phobies, il paraît important d'y signaler qu'ils ont en commun le grave inconvénient de faire courir au sujet le risque de l'usage et de l'abus de substances toxiques dans l'espoir, du moins au début, d'y trouver un soulagement. Il peut s'agir de l'alcool, des drogues illicites, mais aussi des médicaments sédatifs (somnifères et tranquillisants avant tout). Ces abus exposent le sujet non seulement aux troubles psychiques et somatiques induits par les drogues, mais aussi au risque de pharmacodépendance et, en cas d'arrêt brutal de la consommation, aux accidents du sevrage.

II. — Les troubles obsessifs compulsifs

S'il y a une des trois névroses structurées de la terminologie freudienne qui mérite de garder le terme de névrose, c'est bien la névrose obsessionnelle qui chez certains sujets a une organisation précise et une identité définie avec une évolution continue ou par phases. Mais, bien sûr, les troubles obsessifs-compulsifs, ne se présentent pas uniquement de cette façon caractérisée. Ils peuvent être mêlés à d'autres manifestations névrotiques ou disparaître au profit de troubles dépressifs ou psychotiques, ou encore s'éteindre sans raison apparente. Les frontières restent mouvantes et la névrose n'est qu'une organisation particulière des troubles chez certains sujets dans un assez faible pourcentage de cas. Il sera étudié dans l'ordre : le fonctionnement du système obsessionnel, puis les principaux symptômes : les obsessions, les compulsions, les rites conjuratoires ; ensuite les troubles de personnalité fréquemment associés ; enfin les caractéristiques évolutives générales.

1. **Le fonctionnement du système obsessionnel.** — Sa caractéristique essentielle est la contrainte que le

sujet exerce sur lui-même. Le terme de névrose de contrainte aurait été meilleur que celui de névrose obsessionnelle. Cette atmosphère de contrainte se retrouve dans la nature même des idées obsédantes qui est toujours contraire à l'éthique du sujet ce qui le révolte contre lui-même d'avoir de telles idées, dans la dynamique des obsessions et des compulsions où existe le sentiment d'être forcé à penser ou forcé à agir, dans le côté répétitif des symptômes avec une impression de répétition imposée, dans le besoin de l'effort d'une résistance impuissante aux obsessions et aux compulsions, dans ces mises en scène complexes de rites conjuratoires que le sujet s'impose par une croyance magique en un pouvoir de protection contre les obsessions, par toutes les caractéristiques de la personnalité : restriction des manifestations affectives ; tendance au perfectionnisme ; exigence vis-à-vis du temps, de l'ordre et de la précision ; envahissement par le doute et les vérifications.

2. **Les obsessions.** — P. Pichot les définit comme « l'irruption dans la pensée d'un sentiment, d'une idée, d'une tendance, apparaissant au malade comme un phénomène morbide en désaccord avec sa pensée consciente, qui émane pourtant de sa propre activité psychique et persiste malgré ses efforts pour s'en débarrasser ».

Il s'agit soit d'images mentales, soit de mots ou d'idées dont les thèmes peuvent être très nombreux. Ils peuvent ressortir du religieux et du sacré, de l'éthique, de la morale. Il s'agit le plus souvent d'un questionnement à la recherche du vrai ou du faux, du bon ou du mauvais, questionnement interminable qu'une sorte de « folie du doute » alimente sans cesse. Il peut y avoir également des thèmes concernant la propreté, l'ordre, l'exactitude et la précision. Parfois il y a la crainte de commettre un acte absurde, dangereux, immoral ou ridicule que ce soit en parole ou en geste avec une résistance, le plus souvent victorieuse, à l'exécution : ce sont les phobies d'impulsion. Ailleurs, il s'agit de la crainte des contaminations microbiennes avec le refus de toucher tout ce qui pourrait être dangereux entraînant une sorte de « folie du toucher ».

3. **Les compulsions.** — Elles sont aux actes ce que les obsessions sont aux pensées et en ont les mêmes caractères. Contrairement au rite conjuratoire, la compulsion est un acte qui s'inscrit dans la logique de l'obsession. Par exemple, à l'obsession de la propreté corporelle s'ajoutera la compulsion du lavage des mains ; à l'obsession du vol, la compulsion de vérification de la fermeture des portes.

4. **Les rites conjuratoires.** — Ils n'ont apparemment pas de liens logiques avec les obsessions. Ce sont des rituels, souvent complexes, par lesquels le sujet espère, magiquement, éloigner les obsessions. Ils peuvent toucher les domaines les plus variés : rites du coucher, du lever, de la toilette, de l'habillement, du rangement, de la prise d'aliments, du trajet du domicile au travail... Ils sont beaucoup plus organisés, contraignants et répétitifs que les actes de superstition. On voit quelquefois la vie de certains sujets entièrement ritualisée. Grâce à ces successions de rites, les obsessions finissent par disparaître mais au profit d'une contrainte encore plus absorbante.

5. **Les troubles associés de la personnalité.** — L'essentiel de la personnalité obsessionnelle (ou compulsive) est la difficulté à exprimer les émotions tendres et chaleureuses. Toutes les tendances naturelles à le faire disparaissent dans une organisation

de vie conventionnelle et routinière où tout imprévu est exclu. Le sujet a tendance au perfectionnisme concernant plus les détails des actions que la qualité générale de leur déroulement. Les doutes gênent l'action et la prise des décisions avec une tendance à la procrastination. Le travail est plus prisé dans ses aspects répétitifs que créatif. Il est privilégié par rapport aux loisirs. Les relations affectives sont rares et impersonnelles. Les exigences vis-à-vis des autres sont grandes et à la mesure des exigences personnelles du sujet vis-à-vis de lui-même.

6. **Les caractéristiques évolutives générales.** — Il n'y a pas eu de travail épidémiologique soigneux sur la fréquence de telle forme évolutive ou de telle manifestation associée. On distingue généralement deux évolutions : une évolution continue avec un risque de chronicité où l'invalidité sociale peut être grande et une évolution phasique avec parfois de longs intervalles sans trouble. Selon la prédominance symptomatique, on décrit des formes avec les obsessions idéatives, celles avec les phobies d'impulsion, celles avec la crainte microbienne, celles enfin avec l'envahissement par des rituels. Mais toutes ces distinctions sont arbitraires et la réalité est plus mouvante. Les troubles associés les plus fréquents sont les états dépressifs et les sentiments de dépersonnalisation. De véritables états psychotiques y peuvent survenir. S'agit-il du passage d'un état à l'autre (de l'idée obsédante à l'idée délirante) ou s'agit-il d'une association entre deux troubles de nature différente ? La réponse est difficile. C'est le problème qu'on retrouve ailleurs du choix possible entre : un continuum des troubles mentaux, un passage d'une structure à l'autre ou une association multiple.

III. — Les troubles hystériques

On ne peut pas réduire l'hystérie à une caractérologie et à un catalogue de symptômes sans tomber dans le travers répandu de donner à ce trouble la connotation péjorative d'un diagnostic d'élimination après avoir exclu une maladie organique chez un sujet très demandeur de soins. L'hystérie est beaucoup plus que cela. Elle est exemplaire à plusieurs titres : parce qu'elle est responsable d'un continuum parfait entre le normal et le pathologique, avec d'un côté la manifestation la plus banale après un stress et de l'autre le trouble le plus grave conduisant à une profonde invalidité sociale ; parce qu'elle occupe aussi bien le classique champ des névroses que parfois celui des psychoses que cela soit à l'occasion d'états délirants aigus ou que cela soit à l'occasion d'un fonctionnement paranoïaque ; parce qu'elle est un mode de vie infiltrant toute la vie relationnelle, l'exposant, chaque fois que l'autre ne correspond pas exactement à l'attente, à une grande souffrance psychique avec un risque de symptômes touchant avant tout les fonctions de relation du corps et de la vie psychique (conversions somatiques et dissociation psychique) ; parce qu'elle est responsable d'une grande consommation médicale et d'un pourcentage non négligeable d'invalidités sociales (même si on limite les symptômes de l'hystérie aux conversions et aux dissociations, sans y inclure toutes les somatisations qui paraissent être des états voisins peut-être, mais différents).

Dans l'étude clinique de l'hystérie, il sera décrit successivement : les troubles de la vie de relation en général et sexuelle en particulier, les principaux symptômes : conversions somatiques et dissociation psychique, les formes graves : hystérie post-traumatique, syndrome de Briquet et psychoses hystériques, les associations entre l'hystérie et la paranoïa.

1. **Les troubles de la vie relationnelle.** — L'hystérique a une grande avidité affective et adopte un comportement de représentation qui a pour objectif d'attirer l'attention et de séduire. Les rôles pris sont souvent celui de l'autre sexe, mais aussi celui de l'enfant, ou encore celui de personnage dicté par les modes. La prise des rôles est facilitée par le théâtralisme et la suggestibilité. Bien qu'affectivement avide, l'hystérique supporte mal une trop grande proximité relationnelle. Si cette proximité s'installe malgré tout, l'hystérique va essayer de remettre l'autre à la bonne distance par un comportement agressif. Si l'autre s'éloigne par trop, ou abandonne le terrain, l'hystérique va se déprimer ou se comporter en victime, passant ainsi du rôle de la vedette au rôle du persécuté. Ces troubles relationnels ont un retentissement sexuel important. L'hystérie féminine classique comportait un évitement des relations sexuelles dans une attitude de séduction purement platonique. Aujourd'hui l'abstinence sexuelle est rare. Elle est même parfois remplacée par un collectionnisme d'aventures. La sexualité est généralement insatisfaisante. Il y a le plus souvent des troubles de la réponse sexuelle ou au moins une dissociation entre l'attachement affectif et la satisfaction sexuelle. Le comportement émotionnel de l'hystérique est perturbé avec une tendance à la dramatisation des affects, à l'hyperexpressivité des émotions. Tel événement mineur déclenchera une réaction intense. Les femmes adoptent souvent des rôles masculins et recherchent des sensations fortes ou un climat émotionnel aigu qu'elles savent créer dans les groupes par leurs manipulations ou leurs états agressifs. A d'autres moments,

l'hystérique, installé dans un rôle de victime, culpabilise l'autre. Les symptômes hystériques vont souvent survenir après une rupture suivant une longue période conflictuelle, ou à l'acmé d'une période de tension émotionnelle, apportant un soulagement immédiat à une situation d'angoisse et empêchant l'isolement par la mobilisation de l'entourage.

2. **Les conversions somatiques.** — Ce sont des troubles physiques, souvent spectaculaires, sans substratum organique. Les examens cliniques et paracliniques à la recherche d'une cause au trouble sont normaux. Le sujet vit son trouble comme une réalité objective. Il ne s'agit pas d'une simulation. Le symptôme n'est absolument pas sous le contrôle de la volonté. La cause déclenchante de la conversion est généralement un stress psycho-affectif. Le symptôme de conversion lui-même paraît avoir à l'égard du sujet une double utilité. La première utilité, appelée bénéfice primaire, est la mise hors du champ de la conscience du sujet d'une situation de conflit. Par exemple, une cécité hystérique peut débarrasser le sujet d'une vision pénible. La deuxième utilité, appelée bénéfice secondaire, est l'avantage que le sujet pourra retirer de sa situation de maladie. Par exemple quelqu'un d'isolé s'assurera des présences autour de lui ; un arrêt de travail amènera un répit à une situation professionnelle conflictuelle. Il est frappant de constater qu'une conversion, pourtant en apparence invalidante, n'entraîne pas chez le sujet l'anxiété qu'on imagine qu'elle pourrait légitimer. C'est ce qu'on appelle la belle indifférence de l'hystérique à l'égard de son symptôme. Les conversions hystériques peuvent revêtir les manifestations les plus diverses. Mais en général, on réserve le terme de conversion à toutes les manifestations troublant les relations et la com-

munication du sujet au monde ou aux autres. Tout se passe, au cours de la conversion, comme si le sujet y avait « oublié » le fonctionnement d'une activité sensorielle, motrice ou sensitive. Certains auteurs ont étendu le domaine des conversions à toutes les manifestations fonctionnelles, même celles visant les organes internes (somatisations). Il paraît utile (comme le fait le *DSM* III R) d'éviter cette généralisation et de mettre ces somatisations internes dans une rubrique particulière en dehors du cadre de l'hystérie traditionnelle. Avec cette acceptation restrictive, les principales somatisations sont :

a) Les crises d'excitation. — La grande crise d'hystérie observée par Charcot est devenue très rare avec son évolution en plusieurs phases : sensation de boule dans la gorge, perte de connaissance, convulsions désordonnées, puis phase de récupération avec attitudes bizarres et clownesques. Les crises convulsives isolées et surtout les crises tétaniformes sont beaucoup plus fréquentes.

b) Les crises d'inhibition. — Il peut s'agir de crises syncopales ou d'accès léthargiques.

c) Les atteintes motrices. — Les plus classiques sont les paralysies qui n'occupent jamais exactement les territoires neuro-anatomiques. Il peut y avoir aussi des troubles de l'équilibre, des contractures musculaires (par exemple, la crampe de l'écrivain) ou des mouvements anormaux réalisant des tremblements, imitant la chorée ou les tics.

d) Les atteintes sensitives. — Il peut s'agir de zones d'anesthésie, de points hyperesthésiques ou encore, et c'est le cas le plus fréquent, d'algies. Celles-ci n'ont pas le territoire des névralgies habituelles. Qu'il s'agisse de céphalées, de cervicalgies ou de lombalgies, elles entraînent une impotence qui paraît disproportionnée.

e) Les atteintes sensorielles. — Les troubles visuels les plus divers peuvent se voir (brouillard devant les yeux, diplopie, rétrécissement du champ visuel, cécité). Il y a également des surdités plus ou moins complètes, des troubles de l'odorat et du goût.

f) Les atteintes de la phonation. — Les aphonies ou les dysphonies sont très fréquentes.

g) Les atteintes du système neurovégétatif. — On peut regrouper dans cette rubrique divers troubles paraissant relever de spasmes : boule œsophagienne gênant l'alimentation, vomissements, toux, rétention d'urines, douleur et spasmes vaginaux gênant la pénétration, etc. Il est évident que dans cette rubrique en particulier, il faut soigneusement éliminer une cause organique.

3. **La dissociation psychique.** — Elle désigne un ensemble de troubles correspondant à des altérations brutales du champ de la conscience avec perte des facultés mnésiques. Le trouble de la mémoire peut aller jusqu'à la perte de l'identité entraînant soit des errances, soit des prises d'identités nouvelles. Lorsque ces phénomènes complexes cessent, généralement brusquement, le sujet n'en garde aucun souvenir. Les principaux phénomènes observés sont : les amnésies, les fugues, les personnalités multiples et le somnambulisme.

a) Les amnésies. — La cause déclenchante est généralement un stress psychosocial sévère avec une menace de blessure physique ou de mort. Il peut s'agir aussi de toutes situations jugées inacceptables pour le sujet tel qu'un abandon. L'amnésie peut revêtir plusieurs formes. La forme la plus fréquente est l'amnésie lacunaire qui est l'impossibilité de se souvenir du moindre événement pendant un temps limité. L'amnésie sélective est l'impossibilité de se souvenir d'une partie des faits pendant un temps limité. Par exemple un sujet se souviendra de ce qui a suivi un accident de voiture, sauf du blessé grave qui a été retiré et que pourtant il a vu comme tout le monde. L'amnésie généralisée est une perte de tous les souvenirs du sujet, même ceux qui sont antérieurs au stress. L'amnésie continue est la perte ininterrompue de la mémoire depuis le stress jusqu'au moment présent. Ces deux dernières formes d'amnésie sont rares.

b) Les fugues. — Là aussi la cause déclenchante est un stress sévère. Au cours d'une amnésie il peut y avoir une errance pathologique, mais dans ce cas, les troubles de la mémoire sont évidents. La fugue psychogène est beaucoup plus élaborée. Le sujet quitte son domicile ou son travail de façon inattendue. Il adopte le plus souvent une nouvelle identité, sans garder le souvenir de son identité de base, et il mène une vie nouvelle totalement différente ailleurs jusqu'à ce que le souvenir de son identité antérieure lui revienne. Parfois, le changement d'identité est incomplet ou absent. La fugue se limite alors à un voyage sans but précis dans lequel les contacts sociaux seront réduits ou évités. Lorsque l'état de fugue psychogène cesse, le sujet ne garde aucun souvenir de ce qu'il y a fait. Ces états sont rares. Il ne faut pas les confondre avec des phénomènes épileptiques postcritiques ou avec la confusion d'un trouble cérébral organique. Dans ces derniers cas le comportement du fugueur est très mal adapté et il n'y a pas de stress déclencheur.

c) La personnalité multiple. — Il s'agit d'un trouble extrêmement rare qui surviendrait plus volontiers chez des sujets ayant subi des sévices dans leur enfance ou y ayant eu un traumatisme émotionnel sévère. Il consiste dans la coexistence chez un même sujet de deux ou plusieurs personnalités distinctes se succédant dans le temps. Les changements de personnalité surviennent généralement à l'occasion d'un choc émotionnel. Il y a une personnalité de base et des sous-personnalités dont les comportements prennent généralement le contre-pied de la personnalité principale. Lors de l'existence dans une sous-personnalité, la personnalité de base est complètement oubliée ; par contre, il peut y avoir des traces mnésiques des sous-personnalités entre elles. L'adaptation des sous-personnalités à la réalité externe peut être bonne ou médiocre. Lors d'un retour à un état de personnalité antérieure, le sujet est habituellement conscient d'un trou dans son emploi du temps sans qu'il ait tendance à s'en inquiéter. Il reprend la vie de cette personnalité antérieure là où elle en était restée. Il s'agit d'un trouble exceptionnel qu'on ne doit pas confondre avec certains états schizophréniques et avec la simulation.

d) Le somnambulisme hystérique. — Il doit se distinguer du somnambulisme banal. Celui-ci se déroule pendant les stades 3 et 4 du sommeil. Il n'est pas lié à un stress. Il y a un automatisme moteur sans aucune participation affective. Il n'y a pas d'altération de l'activité mentale et du comportement lors du réveil. Dans le somnambulisme hystérique, on retrouve un stress. L'automatisme moteur est beaucoup plus élaboré et il s'accompagne d'une intense activité émotionnelle.

4. **Les formes graves de l'hystérie.** — Les symptômes hystériques sont souvent spectaculaires. Toutefois, leur brève durée, leur arrêt brusque sous l'effet d'un nouvel événement ou de la suggestion, entraînent rarement une invalidité sociale. L'hystérique souffre bien plus de ses difficultés relationnelles que de ses symptômes. Malheureusement certaines hystéries ont

une évolution beaucoup plus défavorable. Certaines évoluent vers un état chronique que les Américains appellent « le syndrome de Briquet ». Les conversions se font à répétition. Une dépression s'installe avec des troubles alimentaires sévères. Il y a de graves troubles sexuels. La surconsommation médicale et chirurgicale ne va pas sans y introduire les conséquences ou même les séquelles d'actions ou d'interventions pas toujours opportunes. Et à la longue, une grave invalidité sociale s'installe. Pour certains auteurs américains, 20 % des conversions hystériques peuvent prendre cette pente désastreuse. Une autre évolution défavorable est celle de certaines conversions hystériques post-traumatiques. Il y a eu un accident, très souvent un accident du travail. Le sujet a une immobilisation avec un handicap transitoire. Il ressent d'emblée un sentiment d'injustice à fondement réel ou tout à fait imaginaire. Au terme du délai habituel de guérison les troubles durent, parfois même se renforcent sans qu'aucune raison organique vienne à présent expliquer cette chronicité ou cette aggravation. Tout se passe comme si la conversion hystérique venait se greffer ou prendre le relai de la blessure. Souvent d'ailleurs, des anomalies somatiques vont persister sous forme par exemple de troubles trophiques cutanés, de raideurs articulaires ou d'atrophies musculaires. L'insuccès des thérapeutiques, la non reconnaissance du trouble par un taux d'invalidité suffisant et par une pension, vont transformer le sentiment d'injustice en sentiment persécutoire et le trouble relationnel va glisser de l'hystérie vers la paranoïa. Le patient, avec un dossier médical grossissant, va aller désormais de médecin en médecin entre deux recours contre les organismes sociaux.

Une autre circonstance grave de l'évolution d'une

hystérie est la survenue d'un épisode psychotique aigu. Ce fait, anciennement connu et décrit par Freud, avait été classé à la suite de Bleuler dans la schizophrénie, pour être remis dans l'hystérie en 1961, avec les travaux de Follin. On ne peut dire avec certitude aujourd'hui s'il s'agit de l'association de deux états ou du passage d'un état à un autre. Ce qui est sûr par contre, c'est que l'épisode psychotique a certaines caractéristiques cliniques : un délire oniroïde souvent terrifiant à thèmes sexuels, une adhésion incomplète du sujet au délire, un maintien d'une relation assez satisfaisante avec la réalité extérieure, un aspect ludique de la symptomatologie sur laquelle le sujet a une action de modulation.

5. **Les associations entre l'hystérie et la paranoïa.** — L'hystérie et la paranoïa sont apparemment éloignées l'une de l'autre, mais au cours de certaines circonstances on les voit s'associer ne serait-ce que dans ces moments cliniques où on voit une hystérique avoir des idées de persécution. Selon A. Bourguignon « certains malades — surtout des femmes — cherchent, plutôt par une quête affective inlassable, à effacer les traces du conflit avec la mère et à renforcer leur narcissisme ; d'autres — souvent des hommes — mettent en œuvre plutôt des processus cognitifs (rationalisation, interprétation, etc.), plus ou moins efficaces, qui leur permettent de construire un système de pensée comblant leur narcissisme, du moins transitoirement. C'est pourquoi la clinique doit distinguer deux types d'hystéro-paranoïa, l'une à polarité prédominante hystérique, l'autre à polarité prédominante paranoïaque, et entre ces deux types une série intermédiaire continue ».

IV. — **Les troubles somatoformes en dehors des conversions**

Comme dans le *DSM* III R, il semble qu'on puisse les répartir en trois rubriques : les somatisations multiples, l'hypocondrie et le trouble somatoforme douloureux.

1. **Les somatisations multiples.** — Ce cadre dont on peut discuter son rattachement à l'hystérie et en ce cas à une variante du syndrome de Briquet contient les éléments de situation suivants : l'âge de survenue est entre 15 et 30 ans ; il s'agit le plus souvent de femmes ; il y a une tendance au trouble familial, en particulier chez la mère ; il peut n'y avoir aucun trouble de personnalité associé ; s'il y en a un il s'agit souvent d'une personnalité hystérique. Les manifestations fonctionnelles atteignent de nombreux appareils : le système digestif (douleurs abdominales, vomissements, intolérance alimentaire, diarrhée) ; l'appareil génital (règles douloureuses, irrégulières) ; les systèmes respiratoire et cardiaque (palpitations, oppression, douleur) ; l'appareil ostéo-articulaire (douleurs). Les examens cliniques et biologiques restent normaux. Les traitements sont peu efficaces. Un trouble disparaît spontanément, puis est remplacé par un autre. Les consultations se multiplient, avec plusieurs médecins. Les traitements prescrits (parfois à l'insu les uns des autres) finissent par engendrer leur propre pathologie. L'absentéisme professionnel est important. La vie familiale est troublée. Le coût social des soins est élevé, surtout si l'importance des troubles finit par entraîner des hospitalisations.

2. **L'hypocondrie.** — L'essentiel dans l'hypocondrie est la conviction d'être atteint d'une maladie sévère et de garder cette conviction en dépit des efforts des médecins et de la médecine pour essayer de démontrer qu'elle n'y est pas. Ladée signale qu'il y a trois éléments principaux dans l'hypocondrie : un état de souffrance psychique important que n'explique pas entièrement les éventuels éléments anxieux et dépressifs associés ; le sentiment profond d'être affecté dans son corps ; une focalisation de toutes les préoccupations sur l'état de santé. La relation avec le médecin est souvent très troublée. L'hypocondriaque est insatisfait de n'être pas soulagé, mais il est surtout insatisfait de ne pas communiquer au médecin sa conviction d'être atteint dans son corps. Cela paraît pour lui l'essentiel, comme si son identité même devait passer par cette reconnaissance. Aussi, quand on lui propose un diagnostic psychiatrique, il le récuse. S'il finit par aller voir un psychiatre, c'est plutôt pour essayer de le disqualifier que de lui demander une aide. L'association à une personnalité obsessionnelle est assez fréquente. Le trouble s'installe à la trentaine chez l'homme et à la quarantaine chez la femme. Il est aussi fréquent dans l'un et l'autre sexe. Le cours du trouble est généralement chronique sans accalmie. Il semble qu'il y ait des facteurs prédisposants, comme celui d'une véritable maladie organique dans les antécédents personnels ou au sein de la famille proche.

3. **Le trouble somatoforme douloureux.** — Il s'agit d'une douleur préoccupante depuis au moins six mois sans qu'on découvre un mécanisme physiopathologique expliquant une telle douleur.

V. — Les troubles difficiles à répertorier

Il y aurait ici à mettre des états correspondant à des concepts qui ont eu un intérêt historique mais qui n'ont plus guère d'actualité, à d'autres dont les concepts sont un peu flous et recouvrent un ensemble d'états différents. On peut penser aux termes de neurasthénie, de psychasthénie, de névrose traumatique.

On évoquera parmi tout cela et ce qu'il en reste après les quatre premiers chapitres, deux situations cliniques dont les dénominations ne sont ni excellentes, ni définitives : la dépression névrotique et les réactions précoces et tardives aux stress.

1. **La dépression névrotique.** — Elle se définit d'abord par sa longueur et son absence de rémission spontanée ou d'ébauche d'évolution cyclique avec des épisodes d'excitation. Elle est ainsi d'une seule tenue et dans un registre toujours dépressif. La durée que le *DSM* III R exige pour parler de dépression névrotique est de deux ans chez un adulte et de un an chez un adolescent. Elle se définit ensuite par une intensité dépressive moins grande que dans les dépressions majeures ou mélancoliques. Le ralentissement dépressif n'est pas très marqué. Beaucoup d'activités sont maintenues. Il y a toutefois des troubles du sommeil, une baisse d'énergie, une sensation de fatigue chronique, des sentiments de dévalorisation, une diminution d'efficacité, des difficultés d'attention et de concentration, une perte de goût pour les loisirs, une instabilité caractérielle, une rumination douloureuse du passé, une absence de projets. Ces manifestations ne sont pas toutes présentes à la fois chez le même sujet. Elle se définit enfin par des associations à une personnalité pathologique. Les personnalités

pathologiques le plus souvent en cause sont les personnalités hystérique, limite et dépendante (*DSM* III R). Il y a aussi très souvent des symptômes névrotiques, en particulier des troubles obsessifs-compulsifs. L'évolution se complique souvent de toxicomanies secondaires (alcool, drogues, médicaments sédatifs et tranquillisants).

2. **Les réactions précoces et tardives aux stress.** — L'état de stress post-traumatique peut revêtir une forme aiguë ou une forme chronique ou différée. Les stress en cause sont généralement des stress majeurs dépassant le cadre des expériences communes. Ils peuvent avoir été vécus individuellement comme le viol ou avoir été subis collectivement comme la guerre ou les camps de concentration. Il y a les stress liés aux catastrophes naturelles et ceux liés à l'agressivité de l'homme. Ce sont ces derniers qui donnent les troubles les plus aigus et les plus durables, comme dans le cas de la torture.

a) La forme aiguë. — Elle débute aussitôt après le stress ou avec un délai d'apparition inférieur à six mois. Elle se manifeste (selon le *DSM* III R) par une façon de revivre le stress, soit par des souvenirs diurnes répétitifs et envahissants de l'événement, soit par des rêves d'angoisse concernant l'événement, soit par des impressions de risque de reproduction de l'événement traumatisant à l'occasion d'un stimulus extérieur rappelant un des événements du stress. Elle comporte une diminution de la réactivité vis-à-vis du monde extérieur avec une réduction de l'intérêt pour certaines activités habituellement très investies, un sentiment de détachement vis-à-vis des relations comportant auparavant des échanges tendres, une sorte d'anesthésie affective. Il y a souvent un certain nombre de troubles : un sentiment de crainte permanente, des troubles du sommeil, une culpabilité d'être rescapé, des troubles de la mémoire et des capacités de concentration, des évitements d'activités pouvant être associées au souvenir du stress, la réapparition des troubles à l'occasion de certaines commémorations du stress (anniversaire, évocation du souvenir) ou d'événements le symbolisant. On peut observer aussi des sentiments de dépersonnalisation avec une altération du vécu du monde extérieur et de la perception de son image propre. Le sujet dépersonnalisé a des sentiments d'étrangeté et d'irréalité. Il peut avoir l'impression d'être devenu un automate ou d'être en état de rêve. Il peut avoir le sentiment de perdre en partie le contrôle de ses actes. L'environnement lui paraît irréel. En dehors du stress, la dépersonnalisation peut se voir lors d'intoxication, de dépression majeure, de privation sensorielle. Ces troubles peuvent disparaître au bout d'un certain temps d'évolution, ou au contraire évoluer vers un état chronique. Celui-ci peut apparaître d'emblée, peu après le stress ou après un long intervalle libre.

b) La forme chronique. — Elle est très disparate dans ses formes. Il peut s'agir d'une simple atténuation de la forme aiguë associée à des troubles anxieux ou dépressifs. Il peut s'agir d'une véritable dépression majeure post-traumatique, ou d'un trouble anxieux prédominant (panique et agoraphobie secondaire). Il peut y avoir des troubles névrotiques post-traumatiques appartenant à l'hystérie ou au registre obsessif-compulsif. Le stress peut être à l'origine du déclenchement d'un épisode psychotique. Cela est beaucoup plus rare et le stress joue peut-être dans ce cas le rôle d'un révélateur.

BIBLIOGRAPHIE

Bourguignon A., Lilamand M., « Pour introduire la notion d'hystéro-paranoïa », comptes rendus du Congrès de Psychiatrie et de Neurologie de Langue française, Besançon, 1985, Paris, Masson, 1986, p. 212-217.

Cottraux J., Mollard E., *Les phobies : perspectives nouvelles*, Paris, PUF, 1986.

DSM III R *(Manuel diagnostique et statistique des troubles mentaux)*, Paris, Masson, 1989.

Follin S., Chazaud J., Pillon L., Cas cliniques et psychoses hystériques, *L'Evolution psychiatrique*, 1961, XXVI, 11, 257-286.

Israël L., Depoutot J. C., Kress J. J., Sichel J. P., Hystérie, *Encycl. Méd. Chir.*, Paris, Psychiatrie, 37 340 A 10, 10-1985.

Ladee G. A., *Hypocondriacal syndromes*, Amsterdam, Elsevier, 1966.

Lanteri-Laura G., Del Pistoia L., Névrose obsessionnelle, *Encycl. Méd. Chir.*, Psychiatrie, 37 370 A 10, 7-1984.

Marks I. M., *Living with fear*, New York, Mac Graw-Hill, 1978.

Sheehan D., Delineation of anxiety and phobic disorders, responsive to monoamine oxidase inhibitions : implication for classification, *J. Clin. Psychiatry*, 1984, 45, 7, 29-36.

CHAPITRE III

THÉORIES DES PSYCHOSES

avec la collaboration
de Bertrand Welniarz

Les modèles explicatifs des psychoses ont été pendant longtemps les modèles psychodynamiques et sociofamiliaux. La force de ces courants maintenait au second plan les hypothèses biologiques, d'autant que les travaux biologiques manquaient de crédibilité scientifique. Actuellement, il y a une inversion de la tendance. De très importants travaux biologiques ouvrent de nouvelles voies et les explications purement psychodynamiques et sociofamiliales subissent un certain désintérêt.

Il paraît évident qu'une explication des troubles psychotiques passe par la recherche biologique, mais il paraît aussi important de ne pas délaisser les facteurs interrelationnels qui jouent un rôle essentiel dans le déclenchement éventuel et la modulation des troubles dont la nature biologique ne peut être niée. Freud, lui-même, qui a été à l'origine du courant psychodynamique en était convaincu. Nous présenterons dans l'ordre le modèle psychanalytique, les principaux modèles sociofamiliaux en insistant sur les théories systémiques et de la communication. Ensuite, nous présenterons les principaux modèles biologiques en les répartissant en deux groupes : ceux concernant les psychoses et en particulier les schizophrénies et ceux concernant les troubles affectifs et en particulier la psychose maniaco-dépressive ; car ils procèdent d'orientations de recherche un peu différentes.

I. — La psychanalyse

La théorie psychanalytique des psychoses a suivi une évolution tout le long de l'œuvre de Freud sans que celui-ci ait jamais eu le sentiment d'en faire une présentation achevée. D'autres psychanalystes s'attachèrent plus spécifiquement aux problèmes posés par les psychoses, en particulier M. Klein, J. Lacan. Une présentation forcément succincte de ces travaux ne peut qu'être un peu réductrice.

1. Apport de S. Freud

a) Dans ses premiers écrits, Freud essaie de retrouver dans les psychoses les mécanismes défensifs contre la sexualité qu'il avait mis en évidence dans les névroses. Il essaie aussi de trouver des mécanismes plus spécifiques. Il parle pour l'hallucination de « rejet » ou de « forclusion » hors de la conscience *(verwergen)*. Il parle aussi du mécanisme de projection du fantasme du sujet à l'extérieur, projection qui est ensuite prise comme un élément de cette réalité même ; en pensant que cette projection participe à la constitution du délire.

b) Dans le cadre de la première théorie de l'appareil psychique (inconscient, préconscient et conscient) et de la première théorie des pulsions (pulsions sexuelles et pulsions du moi ou d'autoconservation), Freud fait une théorie des psychoses basée sur la relation entre les investissements libidinaux et les investissements sur l'objet, en particulier dans deux ouvrages : *L'analyse du cas Schreber* (1911) et *Pour introduire le narcissisme* (1914). Freud fait du délire de persécution paranoïaque une défense contre le désir homosexuel. La proposition de base inacceptable est : « Moi, un homme, je l'aime : lui, un homme. » La première transformation opérée par le délire fait une négation « je ne l'aime pas, je le hais ». La deuxième transformation est une projection à l'extérieur : « Ce n'est pas moi qui le hais, mais c'est lui qui me hait ». Puis s'installe la persécution : « Il me hait, il me persécute » et la justification du sentiment personnel : « J'ai des raisons de le haïr puisqu'il me persécute. » Il explique le délire de toute puissance et la mégalomanie par le retour sur le sujet même de toutes les pulsions libidinales. En fait, la première manifestation de la psychose serait le désinvestissement libidinal du monde extérieur. Comme il n'est pas possible de vivre dans un monde totalement désinvesti qui serait une sorte de monde vide, la tâche du délire va être de reconstruire un nouveau monde que le sujet va pouvoir réinvestir. Dans le chapitre 26 de l'introduction à la psychanalyse (1916-1917), Freud apporte quelques éléments supplémentaires en évoquant notamment le problème du refoulement dans la psychose. « La libido, une fois détachée des objets, trouve la route barrée lorsqu'elle veut y retourner. » Toutefois la libido parvient quand même à retrouver des objets puisqu'un délire se constitue. « Il semble que dans ses efforts pour retourner aux objets, c'est-à-dire aux représentations des objets, la libido réussisse vraiment, dans la démence précoce, à s'y accrocher, mais ce qu'elle saisit des objets ce ne sont que leurs ombres, je veux dire les représentations verbales qui leur correspondent. »

c) Dans le cadre de la deuxième théorie de l'appareil psychique (ça, moi et surmoi), et de la deuxième théorie des pulsions (pulsions de vie et pulsions de mort), Freud explique que l'opposition entre la névrose et la psychose met en jeu la position du moi entre le ça et la réalité extérieure qui devient ainsi une sorte de quatrième instance. « Dans la névrose, le moi, obéissant aux exigences de la réalité et du surmoi, refoule les revendications pulsionnelles, dans la psychose il se produit tout d'abord une rupture entre le moi et la réalité qui laisse le moi sous l'emprise du ça ; en un second temps, celui du délire, le moi reconstruirait une nouvelle réalité, conforme aux désirs du ça » (Laplanche et Pontalis).

d) Dans la dernière partie de son œuvre, Freud dans un article sur le fétichisme (1927) et dans l'article sur « Le clivage du moi dans les processus de défense » (1938) introduit deux nouvelles notions essentielles : celle du déni et celle du clivage du moi. Le déni est un mécanisme de défense qui consiste en un refus d'un sujet de reconnaître l'existence d'une perception traumatisante. Il se comporte comme si elle n'avait pas existé. Si le névrosé refoule les exigences du ça, le psychotique dénie la réalité extérieure. Pour expliquer qu'un tel déni puisse fonctionner alors que la réalité extérieure subsiste bien, Freud fait l'hypothèse qu'il procède d'un clivage du moi. Une partie du moi conserve la relation obligatoire avec la réalité extérieure alors que l'autre la dénie. Le déni de la perception créerait un vide perceptif qui serait alors la place de l'hallucination (perception sans objet perceptif à percevoir).

2. **Apport de M. Klein.** — Mélanie Klein a décrit un premier stade du développement normal de la personnalité qu'elle appelle la position schizopara-

noïde. Le mécanisme de défense du bébé à ce stade est le clivage de l'objet. Chaque fois que l'objet (en l'occurrence la mère) est jugé frustrant, le bébé en ressent un sentiment persécutoire dont il sort en divisant l'objet en deux parties. L'une, mauvaise, est rejetée à l'extérieur ; et l'autre bonne est introjectée. M. Klein décrit à cette phase d'autres mécanismes de défense : l'idéalisation qui est une exagération de toutes les bonnes qualités de l'objet externe ou introjecté ; le déni qui est le rejet du mauvais objet ; l'identification projective qui est la projection de parties du moi à l'intérieur de l'objet qui devient ainsi un objet persécuteur si c'est l'agressivité du moi qui est projetée. Normalement, cette position schizoparanoïde se transforme en position dépressive lorsque le bébé prend conscience de l'unicité de l'objet clivé par lui et de la réalité de l'ambivalence de l'objet à son égard. Selon M. Klein, la psychose est la régression d'un sujet à la phase schizoparanoïde, le retour d'un sujet à la position dépressive réalisant la mélancolie.

Les critiques qu'on peut faire à la théorie kleinienne, c'est d'utiliser des phénomènes normaux pour rendre compte des troubles psychotiques et c'est de prêter aux bébés des capacités psychiques bien complexes pour leur développement.

3. **Apport de J. Lacan.** — J. Lacan proposa un principe de distinction de la névrose et de la psychose en opposant au mécanisme du refoulement celui de la forclusion. L'introduction de ce dernier terme se situe dans le prolongement d'une préoccupation de Freud : définir un mécanisme de défense spécifique de la psychose. Lacan traduit par forclusion le terme allemand : *Verwergung* que Freud utilise à plusieurs reprises dans Extraits de l'histoire d'une névrose infantile *(L'Homme aux loups)* où il l'oppose au

terme de : *Verdrängung* (refoulement). Il ne faut pas confondre la forclusion avec le déni *(Verlegnung)*. La motion psychique refoulée ne peut parvenir intacte à la conscience, mais elle n'est pas détruite ; elle peut s'exprimer à travers les rêves, les actes manqués et elle peut se retrouver symboliquement dans les symptômes névrotiques. La forclusion, au contraire, détruit ce qu'elle rejette. Dans la psychose, Lacan parle d'une forclusion particulière : la forclusion du Nom-du-Père. On peut approcher la notion de Nom-du-Père en disant que c'est dans cette instance « qu'il nous faut reconnaître le support de la fonction symbolique qui, depuis l'orée des temps historiques, identifie sa personne à la figure de la Loi » (*Ecrits*, p. 278). La psychose sérait précipitée par l'introduction d'une figure paternelle venant s'intercaler dans une relation duelle identique au rapport primordial de la mère et de son enfant, c'est-à-dire une relation chargée d'érotisme. « Pour que la psychose se déclenche, il faut que le Nom-du-Père forclos, c'est-à-dire jamais venu à la place de l'Autre, y soit appelé en opposition symbolique au sujet. C'est le défaut du Nom-du-Père à cette place qui, par le trou qui s'ouvre dans le signifié amorce la cascade des remaniements du signifiant d'où procède le désastre croissant de l'imaginaire, jusqu'à ce que le niveau soit atteint où signifiant et signifié se stabilisent dans la métaphore délirante » (*Ecrits*, p. 577).

II. — Les modèles socio-familiaux

Les premiers travaux s'intéressant à l'entourage du schizophrène et à l'effet de cet entourage sur le développement et l'évolution de la maladie ont surtout étudié le rôle de la mère et ont voulu établir un lien de causalité linéaire entre l'éventuel effet pathogène de celle-ci et la maladie de son enfant. Pour certains, il y aurait un désir mortifère de la mère à l'égard de l'enfant. Pour d'autres la mère serait incapable d'accepter que l'enfant soit un autre. Elle vivrait une relation entièrement fusionnelle dans laquelle l'enfant serait une partie d'elle-même. Ces théories d'inconscients maternels schizophrénogènes ont porté un tort considérable aux soins, en culpabilisant les familles et en les mettant à l'écart. Il est vrai qu'il y a des mères de schizophrènes qui paraissent avoir un fonctionnement psychologique pathologique, mais celui-ci n'est-il pas souvent une conséquence de la schizophrénie de l'enfant davantage qu'une cause. On sait bien aussi qu'il y a des mères de schizophrènes qui n'ont pas ce fonctionnement et qu'il y a des mères qui l'ont sans avoir d'enfant schizophrène. En réalité, en matière de fonctionnement familial, il n'y a pas de relation à sens unique ; il n'y a que des interrelations. Cela a été le mérite de l'approche systémique de mettre en évidence qu'une famille est davantage que la simple addition des phénomènes relationnels entre chacun de ses membres.

1. **L'approche systémique.** — C'est dans les années 50 que l'école de Palo-Alto avec son initiateur G. Bateson étudièrent les principales lois de la communication interhumaine : 1) On ne peut pas ne pas communiquer ; même un refus de communiquer a une valeur de communication. 2) Chaque communication est doublée d'une métacommunication qui est une communication sur la communication. 3) Une séquence de communication est ponctuée par les communicants qui donnent un sens à la séquence. 4) Il y a une communication digitale (par le langage) et analogique (par tous les autres moyens). 5) Les

échanges communicationnels sont symétriques ou complémentaires selon qu'ils sont fondés sur l'égalité ou la différence. La famille est considérée comme un système autorégulé avec deux fonctions apparemment contradictoires : la tendance homéostasique et la capacité de transformation. C'est le jeu de ces deux fonctions qui permet l'évolution. Un système pathologique sera caractérisé par la tendance à répéter de façon compulsive les solutions trouvées au service de l'homéostasie.

En 1956, dans un article demeuré célèbre : « Vers une théorie de la schizophrénie », G. Bateson et ses collaborateurs décrivent un processus fréquemment rencontré dans les familles de schizophrènes sous le nom du double lien *(double bind)*. Le double lien définit un certain mode relationnel entre un individu et son groupe familial. Il est caractérisé par les éléments suivants : 1) La situation comporte plusieurs personnes dont l'une est spécialement visée par ce phénomène. 2) Ce phénomène est constamment répété. 3) Le double lien débute par une injonction primaire négative assortie d'une menace de sanction. 4) Une injonction secondaire également menaçante contredit la première. Elle s'exprime souvent par la communication analogique. 5) Toute solution à ces injonctions est interdite et toute issue de fuite est bloquée. 6) Toute métacommunication pouvant débloquer la situation est empêchée. G. Bateson donne l'exemple suivant. Une mère vient voir son fils à l'hôpital. Elle a un mouvement de recul en allant l'embrasser. Celui-ci a, en retour, le même mouvement de recul. Alors, elle lui dit les deux phrases à la suite : « Tu ne m'aimes donc plus ? » « Tu ne devrais pas être gêné par tes sentiments. » Ce double lien n'est pas décrit comme une cause de la schizophrénie, mais comme un moyen de pérenniser une situation familiale pathologique. Selon Maria Selvini Palazzoli : « La famille à transaction schizophrénique maintient son propre jeu à travers une trame intriquée qui ficelle tous les membres de la famille et qui ne peut être dénouée que par des paradoxes thérapeutiques adéquats. »

Selon S. Lebovici, c'est J. Haley qui a le mieux appliqué à la famille des schizophrènes la théorie des systèmes. « Toute communication dans la famille y est réciproque et se qualifie par des manifestations comportementales. Les protagonistes classent les propos des autres ; ils créent des alliances. Dans la famille des psychotiques au contraire, chacun disqualifie ce qu'il dit et ce que disent les autres ; aucune alliance n'est possible. La rigidité des règles est confirmée par le fait qu'il est interdit de changer les règles et surtout par le fait qu'il est impossible de le faire parce que chacun refuse de les définir » (S. Lebovici, *Traité de psychiatrie de l'enfant et de l'adolescent*, t. I, p. 20).

2. **Les autres approches familiales**

a) Harold Searles. — En 1959, Searles publia un livre devenu célèbre : *L'effort pour rendre l'autre fou.* Il explique qu'il ne s'agit pas d'une relation de causalité linéaire, mais des effets d'une interaction entre deux personnes. L'effort de celui qui semble agir pour rendre l'autre fou est inconscient. Searles explique que c'est « l'instauration de toute interaction interpersonnelle qui tend à favoriser un conflit chez l'autre — qui tend à faire agir les unes contre les autres les différentes aires de sa personnalité — qui peut le rendre fou, c'est-à-dire schizophrène.

b) Laing et Esterson. — Dans *Sanity, madness and the family* ils prennent une position à mi-chemin entre les troubles de la communication de l'école de Palo

Alto et certains concepts psychanalytiques. Ils font intervenir à la fois le double lien et les désirs et fantasmes parentaux. Le comportement schizophrénique représenterait une stratégie particulière qu'une personne invente afin de supporter une situation insupportable.

c) T. Lidz et son école. — Ils s'intéressent aux pères des schizophrènes, ce qui est une originalité par rapport aux autres auteurs qui s'intéressent plutôt aux comportements des mères. Ils décrivent également deux modèles différents de couples parentaux représentant des modèles contradictoires engendrant des pensées pathologiques : tantôt il s'agit d'un *marital schisme* (couple divisé), tantôt d'un *marital skew* (couple dévié).

d) L. Wynne et son école. — Ils introduisent la notion de pseudo-mutualité dans les communications des familles de schizophrènes. C'est une stratégie de défense qui consiste à cacher les divergences et à afficher une apparence d'entente.

e) L'approche psychanalytique. — C'est surtout N. W. Ackermann, Th. Lidz et L. Wynne qui ont appliqué les concepts psychanalytiques à la compréhension théorique des familles de schizophrène et au travail thérapeutique avec les familles. En fait comme le montre S. Lebovici « il existe des différences radicales entre l'étude de la communication et l'interrelation familiale d'une part, et la communication psychanalytique d'autre part. Les psychanalystes, en effet, dans le cadre de la cure individuelle, ont pour principe de ne pas répondre à la tentative d'interactions et de ne pas intervenir dans la description faite par le patient de son entourage familial. Ce que sont sa mère, son père, son conjoint ou ses enfants n'intéresse pas le psychanalyste... Ce qu'il veut, c'est comprendre et éventuellement interpréter ce qui gêne l'expression des désirs ou des pensées hostiles à l'égard de ces divers personnages ». Malgré ces réserves, il semble que le travail psychanalytique puisse dans certains cas, en dehors du cadre de la cure type, trouver un champ d'application au contact d'une famille, surtout s'il s'agit de la famille d'un psychotique où on peut retrouver dans la réalité de la vie familiale la répétition des fantasmes du patient.

III. — Les modèles biologiques

Ils sont remarquablement présentés dans le rapport de H. Dufour au Congrès de Neurologie et de Psychiatrie de Langue française de 1982. Il semble qu'on puisse les répartir en groupes d'inégale importance : modèles génétiques, chronobiologiques, immunologiques, neuropsychophysiologiques, endocriniens, ioniques, vitaminiques, viraux, toxicologiques et biochimiques (avec soit des phénomènes de neuromédiation, soit des phénomènes de neurosécrétion). Les études ont porté essentiellement sur deux groupes d'affections : les schizophrénies et la maladie bipolaire (ou psychose maniaco-dépressive). Pour chaque rubrique les travaux concernant l'une ou l'autre affection seront présentés.

1. **Les modèles génétiques.** — C'est dans le domaine des psychoses affectives et en particulier de la maladie bipolaire que les travaux les plus probants ont été faits.

a) La maladie bipolaire. — Dès le XIXe siècle, Esquirol, puis Kraepelin soupçonnèrent l'intervention d'un facteur héréditaire. Les premières études furent menées sur les jumeaux. En 1954, Kallmann trouva un taux de concordance gémellaire allant de 50 % à 100 % pour les jumeaux monozygotes et de 25 % pour les jumeaux dizygotes. Ensuite des études génétiques familiales montrèrent que, pour un membre de la famille d'un patient maniaco-dépressif, le risque d'avoir la maladie est de 20 %, alors qu'il n'est que de 0,5 à 1 % dans la population générale. Winokur communique en 1969 le cas de quelques familles de maniaco-dépressifs dans lesquelles la transmission de l'affection semblait liée au chromosome X. En 1974, Mendlewicz et Fliess montrèrent l'existence d'un linkage entre la forme bipolaire de la maladie et deux anomalies de la vision des couleurs (deutéranopie et protanopie) et un groupe sanguin particulier Xg. L'étude portait sur 38 familles identifiées à partir de 134 patients atteints de l'affection. La conclusion qui semble pouvoir être retenue est que la forme bipolaire se transmet probablement génétiquement selon un mode dominant lié au chromosome X.

D'autres auteurs (Egeland en 1987) ont mis en cause le bras court du chromosome 11. D'autres encore (Smeraldi en 1981) le bras court du chromosome 6, mais un travail de Waters (1988) semble réfuter cette dernière hypothèse. Quoi qu'il en soit ces travaux sont en faveur de l'hétérogénéité génétique des troubles de l'humeur.

b) Les schizophrénies. — Les recherches sont ici plus difficiles, en raison d'un accord seulement récent sur les critères diagnostiques et à cause de la difficulté à isoler et apprécier l'effet de l'environnement socio-familial. Trois méthodologies différentes ont été utilisées. Les études familiales d'abord : dans la population générale la prévalence de la schizophrénie (dans l'acception la plus large du concept) est de 1 %. Le risque morbide est d'environ 10 % pour les proches au premier degré d'un patient schizophrène. Cela indique l'existence d'un facteur familial mais cela n'implique pas nécessairement la présence d'un facteur génétique. Les études de jumeaux ensuite : le pourcentage de concordance pour la schizophrénie est plus élevé pour les monozygotes que pour les dizygotes. Là aussi, cela peut être en rapport avec des attitudes familiales différentes dans l'élevage de vrais jumeaux que dans celui de faux jumeaux. Les études d'adoption enfin, elles consistent à comparer le sort d'enfants adoptés issus de parents biologiques schizophrènes à celui d'enfants adoptés de parents biologiques non schizophrènes. Heston en 1966 trouve une prévalence de schizophrénie de 10 % dans le premier groupe et nulle dans le second. Kety en 1971 rapporte que la prévalence du spectre de la schizophrénie est plus élevée chez les parents biologiques d'enfants schizophrènes adoptés en bas âge que dans la population générale et chez leurs parents adoptifs. Une étude de 1974 ajoute un groupe d'enfants issus de parents biologiques normaux et adoptés par des parents dont l'un deux a le spectre des états schizophréniques. Le taux de morbidité schizophrénique est plus élevé dans le groupe d'enfants de parents biologiques schizophréniques et adoptifs normaux que dans ce nouveau groupe. Des critiques ont été faites à ces recherches. L'âge d'adoption pouvait être de quelques semaines ce qui ne supprimait pas l'influence des interactions précoces entre les parents biologiques et l'enfant. Les groupes d'enfants sont restreints. Il n'y a pas d'information sur la nature de ce qui est transmis : anomalie spécifique ou prédisposition générale. Le modèle génétique reste encore une hypothèse. Il ne semble pas encore démontré. Ce qui manque aux recherches, c'est la découverte d'un marqueur génétique. On l'a recherché du côté de la mono-amine-oxydase plaquettaire, des mouvements oculaires irréguliers. On le recherche aujourd'hui du côté des groupes HLA.

Il est peut-être intéressant de retenir l'hypothèse d'un modèle génétique utilisant la notion de seuil. Cela aurait le mérite de prendre en compte le rôle probablement important des phénomènes d'environnement. Il y a peut-être plusieurs schizophrénies avec des influences différentes des facteurs génétiques et d'environnement.

En 1985, Ritvo a fait un travail génétique sur l'autisme infantile en étudiant 40 paires de jumeaux dont l'un est autiste. Sur 23 paires monozygotes, 22 paires sont concordantes à l'autisme et sur 17 paires dizygotes, 4 paires seulement sont concordantes. Il conclut à l'existence d'un facteur génétique. Pour lui l'autisme serait la forme la plus sévère de troubles cognitifs dont des formes mineures toucheraient le reste de la fratrie. C'est une vulnérabilité qui serait transmise et non une maladie préorganisée.

En novembre 1988, la revue *Nature* publie deux articles : l'un de Sherrington et coll. intitulé « Localisation sur le chromosome 5 d'un locus prédisposant à la schizophrénie », l'autre de Kennedy et coll. intitulé « Démonstration de l'absence de linkage entre la schizophrénie et des marqueurs sur le chromosome 5 ». Cette contradiction témoigne de la difficulté de telles recherches et de la probabilité de la non-existence d'un gène précis de la schizophrénie. Il n'y aurait peut-être que des gènes de facteurs de prédisposition.

2. **Les modèles chronobiologiques.** — Le rapport de Sechter et Poirel fait un point complet du sujet.

a) Dans la maladie bipolaire. — Il y a des arguments cliniques en faveur d'une modification des rythmes biologiques : les variations circadiennes de la symptomatologie ; les variations infradiennes de l'évolution (formes rares à cycles de 48 heures, formes à récurrence rapide, formes à rechutes saisonnières) ; les variations de la température corporelle.

Il y a des arguments paracliniques : diminution du sommeil lent profond, diminution du temps de latence d'apparition du sommeil paradoxal. Il y a des arguments biologiques : modification des cycles du cortisol, de la thyréostimuline hypophysaire, de la prolactine, de l'hormone de croissance, des hormones sexuelles, de la mélatonine et aussi des mono-amines cérébrales (noradrénaline et sérotonine surtout). Il y a des arguments thérapeutiques : augmentation du temps de latence des phases paradoxales par le lithium et les antidépresseurs (possible indice prédictif de la réponse au traitement) ; effets thérapeutiques des privations de sommeil, de la manipulation des horaires de sommeil et de l'allongement artificiel de la durée d'ensoleillement.

« L'hypothèse chronobiologique proposée est celle d'une désynchronisation interne entre les rythmes biologiques engendrés par l'oscillateur fort (température corporelle, cortisol et sommeil paradoxal) et par l'oscillateur faible (cycle repos-activité) » (Sechter et Poirel).

b) Dans la schizophrénie. — Les arguments en faveur d'une action chronobiologique sont beaucoup plus faibles. Les arguments cliniques sont l'existence de formes à évolution périodique, d'un rythme circannuel de naissance des futurs schizophrènes avec un pic durant les mois d'hiver, de variations temporelles de la symptomatologie psychotique. Les arguments paracliniques sont les variations circadiennes de la température et les modifications du sommeil. Les arguments biologiques sont les modifications de la sécrétion de mélatonine (peut-être liées aux modifications du poids) et celles de neurotransmetteurs (sérotonine, noradrénaline et surtout dopamine) qui seront revues avec les modèles biochimiques.

3. **Les modèles immunologiques.** — En 1954, Heath propose une explication de la schizophrénie. Elle serait une réaction auto-immune des neurones de la région septale. Mais il faut attendre les études consacrées au système HLA qui code les antigènes tissulaires de cellules nuclées. Cazzulo en 1974 montre l'augmentation de l'antigène HLA-A1 chez les hébéphrènes et des antigènes HLA-A9 et B5 chez les schizophrènes paranoïdes. Julien et coll. en 1978 montrent que l'association des antigènes A9 et CW4 est retrouvée avec une fréquence statistiquement significative dans les schizophrénies délirantes. La méthodologie de ces travaux est délicate car il faut trouver des familles informatives comportant, outre les parents, quatre frères et sœurs au moins en plus du patient. En 1985, Todd et Ciaranello trouvaient chez un tiers des enfants autistes, dans le sang et le liquide céphalo-rachidien, des anticorps, antisites récepteurs à la sérotonine qu'on ne retrouve pas chez les enfants normaux ou ayant une débilité simple. Cela peut être en faveur d'un processus auto-immunitaire dans l'autisme.

Une autre recherche actuelle est celle de la neuro-immuno modulation. Elle a été particulièrement étudiée dans les troubles affectifs (troubles monopolaires et bipolaires). Il s'agit de la constatation que des facteurs psychologiques peuvent modifier les réponses immunitaires expliquant une morbidité plus grande pour les infections, les maladies auto-immunes et les cancers.

4. **Les modèles neuropsychophysiologiques.** — Il s'agit de rechercher les concomitants organiques des grandes fonctions mentales. Les moyens d'exploration sont actuellement assez variés. On dispose : *a)* De l'électro-encéphalographie quantitative sur ordinateur qui est particulièrement adaptée à l'analyse des modifications intra- et inter-hémisphériques en pathologie mentale. *b)* De l'étude des indices témoignant d'activités provoquées par certains événements. Ces potentiels évoqués peuvent être sensoriels (visuels ou auditifs) ou moteurs. *c)* Des explorations radiologiques par le scanner et la résonance magnétique nucléaire permettant d'étudier des variations assez fines du volume cérébral. On sait maintenant qu'il n'y a pas que des diminutions de volume par destruction, mais des diminutions transitoires en raison du nombre de connections mises en œuvre. *d)* Des techniques d'étude du débit sanguin cérébral régional par la mesure de la clearance du xénon 133 inhalé. Elles permettent de comparer les fonctionnements des deux hémisphères chez le même sujet et de mêmes zones hémisphériques par comparaison avec des sujets témoins. *e)* De l'étude de l'attention, en particulier par le moyen des potentiels évoqués permettant de comparer le fonctionnement de l'attention chez des sujets normaux et chez des schizophrènes. La nature de la désorganisation de l'attention chez ceux-ci a permis d'imaginer une anomalie du traitement de l'information à l'un ou l'autre de ses étages (sélection, filtrage, stockage avec intervention des différentes mémoires, transformation, utilisation). Ces diverses méthodes d'investigation ont permis d'élaborer un certain nombre d'hypothèses.

Ainsi, Mac Lean imagine que l'hyperactivité dopaminergique agit essentiellement sur le système limbique ; elle désorganiserait les informations spécifiques reçues par les systèmes sensoriels et troublerait la communication interhémisphérique.

Les études du débit sanguin comparent les activités des deux hémisphères (le gauche traitant les activités de langage, le droit le domaine affectif). Il y aurait chez le schizophrène une nette augmentation du débit de l'hémisphère gauche. Lors des épreuves d'activation pour les tâches cognitives, l'augmentation de débit est plus grand pour les tâches verbales que pour les tâches spatiales (Gur et coll., 1984). L'hypofrontalité qui avait été constatée dans les groupes de schizophrènes comparés aux groupes normaux n'est pas certaine.

Les études du volume cérébral ont permis à Crow de distinguer deux groupes de schizophrénies : un groupe avec atrophie, comportant des manifestations déficitaires et une évolution mauvaise ; un groupe sans atrophie, avec symptomatologie productive et une évolution relativement bonne.

5. **L'hypothèse endocrinienne.** — Elle a été évoquée pour les troubles monopolaires et bipolaires. Le système limbique et l'hypothalamus règlent les sécrétions hypophysaires, alors qu'il y a des rétro-actions biologiques pour agir sur les commandes neuronales. Des anomalies de réponse de la thyréostimuline hypophysaire (TRH) et du cortisol plasmatique seraient spécifiques des troubles monopolaires et bipolaires. Des tests spécifiques utilisant la mise en évidence de ces réponses anormales auraient un intérêt diagnostique et surtout prédictif des réponses au traitement (test de freination de la TSH par la TRH, et test de freination du cortisol plasmatique par la dexaméthasone).

6. **L'hypothèse ionique.** — Mendels en 1974 a proposé une théorie explicative de la maladie bipo-

laire en faisant état d'anomalie de la perméabilité membranaire des cellules responsables de dysfonctionnement de la répartition des ions Na^+ et K^+ dans les espaces intra- et extra-cellulaires. Ces transports ioniques se font par des systèmes actifs à commande enzymatique appelés pompes. Un mauvais fonctionnement de la pompe entraînerait un excès intra-cellulaire de Na^+. L'efficacité du traitement par les sels de lithium s'expliquerait par une substitution partielle du Na^+ par le Li^+ à l'intérieur de la cellule, y réduisant ainsi la concentration en sodium. Cet équilibre ou déséquilibre ionique agirait ensuite sur les neurotransmetteurs responsables des états dépressifs et maniaques.

7. **L'hypothèse virale.** — Cette hypothèse déjà ancienne a été reprise par Tirrel en 1979. Des cultures tissulaires de liquide céphalorachidien ont permis de retrouver chez 18 schizophrènes sur 47 la présence d'agents virus-like. On ne peut en tirer aucune conclusion certaine, mais on ne peut pas écarter l'existence d'un virus lent dont l'action pathogène ne se ferait que sur des sujets génétiquement prédisposés.

8. **L'hypothèse toxicologique.** — Elle est partie des expériences d'intoxication exogène. Il y a d'abord eu les effets des hallucinogènes tel le LSD 25 qui déclenchèrent de véritables psychoses expérimentales, puis ceux de la cocaïne. Aujourd'hui de tels phénomènes se retrouvent dans les toxicomanies qui induisent chez certains sujets, mais non tous, de véritables pharmacopsychoses avec les hallucinogènes, la cocaïne et les amphétamines. Dans une revue générale, faite par Snyder, des produits susceptibles de déclencher ces troubles, il a semblé qu'on y retrouvait une structure chimique semblable, de type indolique, qui est celle

de la sérotonine. Il s'agit du LSD 25, des dérivés diméthylés de la tryptamine, de la mescaline, des amphétamines et de leurs dérivés surpuissants (le BOM utilisé par les toxicomanes sous le nom de STP). Ces constatations ont amené à faire l'hypothèse que certains troubles mentaux pouvaient être réalisés par des phénomènes d'intoxication endogène ; l'organisme se mettant à fabriquer des produits toxiques à partir de substances naturelles. Les principales pistes tracées avec cette hypothèse sont les suivantes : *a)* Baruk et De Jong réalisent des catatonies expérimentales avec un certain nombre de toxines humaines (1930). *b)* Cade pense qu'il y a un trouble azoté dans les états d'excitation. Ce fait le met sur la voie de l'intérêt du lithium dans le traitement de l'accès maniaque (1949). *c)* Abely pense qu'il y a une molécule anormale dans le sérum des schizophrènes après ses expériences sur le test de Minz. Beaucoup de recherches tournent autour de la même idée (bufoténine, cœruloplasmine, taxéine, harmoline, adénochrome, DMPE ou *pink spot*). *d)* Harley-Mason, Osmond et Smythies imaginent qu'une transméthylation en position N ou O serait accentuée chez les schizophrènes et transformerait les mono-amines en hallucinogènes.

Ces pistes annonçaient des recherches biochimiques sur les neuromédiations et sur les neurosécrétions qui sont l'essentiel de la recherche biochimique contemporaine.

9. **Les hypothèses biochimiques.** — Il faut distinguer celles proposées dans les schizophrénies de celles proposées dans les troubles monopolaires et bipolaires.

a) La schizophrénie.

1. L'hypothèse dopaminergique. — Elle lie la schizophrénie à une hyperdopaminergie. Les princi-

pales données de cette hypothèse sont les suivantes : les neuroleptiques semblent exercer l'action antipsychotique par bloquage des récepteurs dopaminergiques ; la pharmaco-psychose amphétaminée qui ressemble à la schizophrénie paraît liée à une hypersécrétion dopaminergique avec stimulation des récepteurs correspondants ; la dopamine-bêta-hydrolysase qui transforme la dopamine en noradrénaline est diminuée dans la schizophrénie ; un catabolite de la dopamine, le HVA augmente sous neuroleptique ; la topographie des voies dopaminergiques rend compte de l'effet des neuroleptiques (l'action sur la voie nigrostriée explique les effets neurologiques latéraux, l'action sur les voies méso-limbiques et méso-corticales explique les effets antipsychotiques, l'action sur les voies infundibulo-tubériennes explique les effets endocriniens) ; l'hyperactivité dopaminergique semble montrée par l'augmentation de la fixation d'un neuroleptique marqué, l'halopéridol tritié, chez les schizophrènes traités ou non ; les modifications du fonctionnement des récepteurs dopaminergiques sous l'effet d'un traitement prolongé par les neuroleptiques (hypersensibilité par hypostimulation pouvant arriver à déclencher une dyskinésie tardive dans la région nigrostriée) ; la sécrétion de prolactine est augmentée par un traitement neuroleptique par bloquage de la voie dopaminergique infundibulo-tubérienne ; l'hyperdopaminergie peut s'expliquer par un hypofonctionnement de leurs enzymes de dégradation (COMT, MAO).

2. Le rôle des récepteurs sérotoninergiques. — De nombreux sous-types des récepteurs 5 HT ont été récemment découverts et l'un d'eux, le 5 HT2, intervient dans les troubles schizophréniques. Cette mise en évidence donne de nouvelles ouvertures aux traitements médicamenteux puisque de nouveaux neuroleptiques blo-

quant les récepteurs 5 HT2 peuvent être efficaces dans les schizophrénies résistant aux anciens neuroleptiques. C'est le cas de la clozapine et de la rispéridone.

Comme pour les troubles anxieux la caméra à positons permet de repérer dans les formes productives et déficitaires de la schizophrénie les sites où siègent les anomalies des neurotransmetteurs et permet d'étudier l'action des médicaments dans le degré de saturation qu'ils exercent sur ces récepteurs.

Ces travaux font perdre beaucoup de leur intérêt aux autres hypothèses biochimiques de la schizophrénie.

3. Le rôle des peptides opioïdes. — Hugues découvrit en 1975 des peptides endogènes dont l'action pharmacologique s'apparente à celle de la morphine : les endorphines et les enképhalines. On retrouve ces substances dans le cerveau, mais aussi dans l'ensemble de l'organisme. Ces peptides seraient impliqués dans la schizophrénie, soit par excès, soit plus probablement par carence. En plus de leur action sur des récepteurs morphiniques spécifiques, ces substances pourraient avoir une action de modulation sur les systèmes mono-aminergiques cérébraux, notamment au niveau limbique. On a aussi évoqué la possibilité d'une perturbation de l'équilibre entre les différents types d'endorphines (bêta et gamma surtout). L'hémodialyse améliorerait la symptomatologie des schizophrènes après constatation d'une augmentation de la bêta-endorphine du plasma. Un antimorphinique, la naloxone, aurait un effet antipsychotique. Certains de ces travaux ont des biais méthodologiques. Beaucoup plus intéressants sont les travaux de Kline et Lehmann (1977) qui constatent chez certains schizophrènes une amélioration thérapeutique après injection intraveineuse de bêta endorphines après un à deux jours durant un à dix jours. Un travail récent de Claas et collaborateurs (1986) étudie les schizo-

phrénies qui ont une réponse positive à un traitement par des gamma endorphines. Ils font l'hypothèse que cette action positive a lieu lorsqu'il y a une association entre la schizophrénie et certains groupes HLA de classe B_{12}, B_{15} et B_{W}. La sensibilité aux gamma endorphines s'expliquerait parce que la molécule de l'HLA interviendrait dans la structure du récepteur des gamma endorphines. Cette constatation enrichit le groupe des hypothèses génétiques déjà évoqué.

4. Le rôle des peptides de la neurotransmission. — Il y aurait une diminution du taux de cholecystokinine dans le liquide céphalo-rachidien de sujets schizophrènes (Verbanck, 1985). La substance P chargée des messages douloureux serait diminuée par les neuroleptiques dans le système limbique (Scatton).

5. Le rôle des prostaglandines. — En 1977, Horrobin émit l'hypothèse d'un déficit en prostaglandines dans les schizophrénies. Ce sont des acides gras cycliques non saturés qui modifient la formation d'AMP cyclique nécessaire à l'action des neurotransmetteurs au niveau de la synapse. La synthèse des prostaglandines est stimulée par la prolactine dont les taux augmentent lors des traitements neuroleptiques.

b) Les troubles monopolaires et bipolaires.

1. L'hypothèse noradrénergique. — Elle a été la première invoquée dans la pathogénie des dépressions où on retrouve une diminution d'un catabolite urinaire de la noradrénaline (le MHPG). Il y a un hyperfonctionnement noradrénergique dans la manie. La sécrétion par l'épiphyse de la mélatonine est sous le contrôle des récepteurs bêta-adrénergiques. On en connaît les variations cycliques au cours des troubles de l'humeur.

2. L'hypothèse sérotoninergique. — Ses principaux arguments sont : le déficit en 5-HIAA, catabolite de la sérotonine, qui est diminué dans le LCR au cours de certaines dépressions ; les taux cérébraux de sérotonine *post portem* sont abaissés chez les patients déprimés qui se sont suicidés ; le rôle dans les dépressions d'un précurseur de la sérotonine (5-HTP) et des deux enzymes de synthèse qui participent à sa dégradation (COMT et MAO).

3. L'hypothèse dopaminergique. — La voie dopaminergique a un tronc métabolique commun avec la voie noradrénergique. La L-Dopa, active dans le traitement de la maladie de Parkinson, a aussi une action sur les troubles de l'humeur qui lui sont associés. Il y a un déficit en HVA, principal métabolite de la dopamine au cours de certaines dépressions. Certains agonistes dopaminergiques ont une action antidépressive.

Ces trois hypothèses de la neuromédiation des dépressions et des excitations ont eu des critiques visant davantage la méthodologie des recherches que l'hypothèse de fond. De nouvelles recherches avec un antidépresseur marqué, l'imipramine tritiée, et la mise en évidence de récepteurs centraux et aussi périphériques (plaquettes sanguines) permettent de nouveaux progrès des hypothèses de la neuromédiation.

Si on reprend les différentes hypothèses avancées pour expliquer le mécanisme du fonctionnement des troubles monopolaires et bipolaires, on peut construire des modèles théoriques très élaborés en tenant compte de l'action thérapeutique du lithium. Schou insiste sur les modifications de la répartition intra- et extra-cellulaire des électrolytes grâce aux pompes membranaires en articulant ces faits avec le rôle des neurotransmetteurs et de leurs récepteurs. Rafaelsen propose un modèle membranaire qui rend compte des autres hypothèses. Johnson propose un modèle explicatif qui se situe à plusieurs niveaux conceptuels biologiques et psychologiques.

BIBLIOGRAPHIE

Bateson G., *Steps to an ecology of mind*, London, Paladin books Granada, 1973.

Caillard V., Hérédité et schizophrénie, *Perspectives psychiatriques*, 1985, 1, 100, 29-41.

Claas F. H. J. et coll., *Human Immunology*, 1986, 15, 347-356. The interaction between gamma type endorphine and HLA Class I antigenes.

Debray Q., *L'étiologie des psychoses schizophréniques*, Paris, Masson, 1979.

—, Aspects récents de l'étiologie de la schizophrénie, in *Actualités de la schizophrénie*, Paris, PUF, 1981.

Demangeat M., Bargues J.-F., Les conditions familiales du développement de la schizophrénie, in *Comptes rendus du Congrès de Psychiatrie et de Neurologie de Langue française*, Tunis, 1972, Paris, Masson, 1973.

Freud S., *Cinq psychanalyses*, Paris, PUF, 1954.

—, *La vie sexuelle*, Paris, PUF, 1977.

—, *Introduction à la psychanalyse*, Paris, Payot, 1962.

—, *Névrose, psychose et perversion*, Paris, PUF, 1968.

—, *Abrégé de psychanalyse*, Paris, PUF, 1978.

Haley J., *Strategies of psychotherapy*, New York, Grune & Stratton, 1972.

Kennedy J. L., Giuffra L. A., Moises H. W. *et al.*, Evidence against linkage of schizophrenia markers on chromosome 5 in a northern Swedish pedigree, *Nature*, 1988, vol. 336, p. 167-170.

Kety S. S., Du rapport entre les déterminants et ceux de l'environnement dans la maladie schizophrénique, *Psychologie médicale*, 1979, 11, 6, 1087-1092.

Klein M., Heimann P., Isaacs S., Rivière J., *Développement de la psychanalyse*, Paris, PUF, 1966.

Lacan J., *Ecrits*, Paris, Seuil, 1966.

Laing R. D., Esterson A., *L'équilibre mental, la folie et la famille*, Paris, Maspero, 1971.

Lanteri-Laura G., Del Pistoia L., Les principales théories dans la psychiatrie contemporaine, *Encycl. Méd. Chir.*, Paris, Psychiatrie, 37 006 A 10, 10, 1981.

Laplanche J., Pontalis J.-B., *Vocabulaire de la psychanalyse*, Paris, PUF, 1967.

Lebovici S., Diatkine R., Soulé M., *Traité de Psychiatrie de l'enfant et de l'adolescent*, Paris, PUF, 1985.

Lidz T., Fleck S., Cornelison A. R., *Schizophrénia and the family*, New York, Int. Univ. Press, 1965.

Martinot J.-L., Paillère-Martinot M.-L., Loc'h C., Dao-Castellana M. H., Lecrubier Y., Aubin F., Allilaire J.-F., Mazoyer B., Mazière B., Syrota A., Central D2 receptors and negative symptoms of schizophrenia, *British Journal of Psychiatry*, 1994, 164, 27-34.

Mises R., Ferrari P., Les psychoses de l'enfant. Mise au point sur la période 1970-1981, *Encycl. Méd. Chir.*, Paris, Psychiatrie, 37 299 M 10, 10-1985.

Mendlewicz J., *L'étiologie des psychoses dysthymiques*, Paris, Masson, 1979.

Pujol Domenech J., Dufour H., *Hypothèses pathogéniques et modèles biologiques en psychiatrie*, Rapport de Psychiatrie, Congrès de Psychiatrie et de Neurologie de Langue française, Paris, Masson, 1982.

Ritvo E. R., Freeman B. J., Mason-Brothers A., Mo A., Ritvo A. M., Concordance for the syndrome of autism in 40 pairs of afflicted twins, *Am. J. Psychiatry*, 1985, 142, n° 1, 74-77.

Searles H., *L'effort pour rendre l'autre fou*, Paris, Gallimard, 1977.

Sechter D., Poirel C., *Chronobiologie et psychiatrie*, Rapport de Psychiatrie au Congrès de Psychiatrie et de Neurologie de Langue française, Besançon, 1985, Paris, Masson, 1985.

Selvini-Palazzoli M., Boscolo L., Cecchia G., Prata G., *Paradoxe et contre-paradoxe*, Paris, ESF, 1975.

Sherrington R., Brynjolfsson J., Petursson H. *et al.*, Localization of a susceptibility locus for schizophrenia on chromosome 5, *Nature*, 1988, vol. 336, p. 164-167.

Tirrel D. A. J., Parry R. D., Crow T. J., Possible virus in schizophrenia and some neurological disorders, *Lancet*, 1979, 1, 839-844.

Todd R., Ciaranello R., *Annales de l'Académie des Sciences de New York*, 1985.

Waters B. et coll., Linkage studies in primary affective disorders : the hypothesis of a linkage with HLA loci excluded again, *Brit. J. Psychiatry*, 1988, 152, 560-562.

Watzlawick P., Helmick-Beavin J., Jackson D. D., *Une logique de la communication*, Paris, Seuil, 1972.

Wynne L. C., Rycroff I. M., Day J., Hirsch S. I., Pseudomutality in the family relations of schizophrenics, *Psychiatry*, 1958, 21, 205-220.

CHAPITRE IV

CLINIQUE DES TROUBLES PSYCHOTIQUES

Nous éliminerons de cette description les troubles psychotiques secondaires à une cause organique identifiable, qu'il s'agisse de la sénescence, des effets induits par l'abus des substances toxiques ou par un phénomène brusque de sevrage, des troubles métaboliques, des maladies endocriniennes, des affections neurologiques, des maladies infectieuses ou parasitaires.

Les troubles psychotiques seront décrits dans quatre rubriques : les schizophrénies, la paranoïa, les délires non clairement rattachables à un de ces deux groupes, les troubles affectifs majeurs ou troubles bipolaires et monopolaires.

Si le délire est le trouble le plus caractéristique d'un trouble psychotique, il faut signaler qu'il y a certains troubles psychotiques où aucun délire n'est apparent. Lorsqu'il existe, le délire peut avoir des caractéristiques sémiologiques qui orientent vers certaines variétés de troubles psychotiques. Il est donc utile, en préambule, de connaître les principaux repérages qu'on peut faire dans l'étude d'un délire. Le délire peut se définir comme la nature et le contenu de la relation d'un sujet à une néoréalité extérieure, construite par lui, et considérée par lui comme la réalité même avec une conviction absolue et inébranlable. Le délire est fait de thèmes dont les principaux sont : la mégalomanie, la persécution, les thèmes passionnels (jalousie, érotomanie, revendication), les thèmes hypocondriaques. Un thème unique ou prévalent est en faveur d'une paranoïa. Des thèmes multiples ou changeants sont en faveur de la schizophrénie. Le délire se construit par des mécanismes dont les principaux sont : l'hallucination qui est une perception sans objet perceptif à percevoir ; l'interprétation qui est un jugement faux à partir d'une perception exacte ; l'intuition ; l'imagination. Une prédominance des hallucinations oriente vers la schizophrénie. Une dominante des interprétations suggère la paranoïa. Le délire a une structure qui est la façon dont s'organisent les idées délirantes dans la vie du sujet. Il y a des délires systématisés, marqués par une certaine logique et une cohérence, et des délires non systématisés incohérents et sans logique appréhendable. Les premiers évoquent la paranoïa, les seconds la schizophrénie.

I. — Les schizophrénies

Les chiffres de prévalence dans la population varient entre 2 et 10 pour 1 000 selon les critères diagnostiques. Le début apparent est entre 15 et 35 ans, le plus souvent avec une égalité entre les sexes. Le fait fondamental, comme une récente enquête de l'OMS l'a montré, est que la prévalence est la même partout dans le monde avec les mêmes critères diagnostiques. Les grandes manifestations symptomatiques sont universelles. Les variables sont les thématiques délirantes qui sont puisées en partie dans les mythologies individuelles et culturelles.

Pour passer en revue l'essentiel des faits cliniques,

nous étudierons successivement : les troubles de l'adaptation prémorbide, les modes de début, les grands syndromes cliniques de la maladie avec leurs regroupements principaux, les modalités évolutives.

1. **Les troubles de l'adaptation prémorbide.** — Ils sont inexistants dans certains cas. Dans d'autres, il y a une personnalité pathologique antérieure, soit une personnalité schizoïde, soit une personnalité schizotypique (selon le *DSM* III R). La personnalité schizoïde comporte une difficulté à établir des relations sociales sauf avec un petit nombre de personnes, une froideur et une absence de relation chaleureuse avec autrui, une insensibilité vis-à-vis des jugements et des sentiments exprimés par les autres. La personnalité schizotypique peut comporter en outre : un fonctionnement magique de la pensée ; des idées de référence (impression que les événements extérieurs sont en relation avec soi) ; un isolement social ; des illusions récurrentes (impression d'être en relation avec des personnes absentes) ; des sentiments de dépersonnalisation et de déréalisation ; une bizarrerie du discours (digressif, vague, compliqué, métaphorique) ; une pauvreté ou une inadéquation des affects ; un mode de pensée persécutoire ; une hypersensibilité aux critiques.

2. **Les modes de début.** — Les plus fréquents sont les débuts insidieux.

a) La diminution du rendement scolaire et des activités en général. — C'est un signe d'alarme fréquent d'assister à des échecs scolaires inattendus avec une baisse d'intérêt pour les études allant de pair avec une diminution de tous les intérêts. Ce fait est en rupture inexplicable avec les comportements habituels. Il s'accompagne d'indifférence à l'égard de la situation et de ses conséquences.

b) Les troubles des relations affectives. — On observe l'apparition de sentiments intenses et contrastés d'amour et de haine, pouvant se reporter sur la même personne, avec des actions inattendues et surprenantes venant concrétiser ces sentiments. Cette ambivalence peut s'accompagner d'une modification apparente des traits de caractère habituels au sujet sans que l'entourage en décèle une cause extérieure.

c) Les préoccupations hypocondriaques. — Il s'agit de toute une série de craintes concernant le corps qui peut être ressenti comme devenu étranger ou comme s'étant modifié. Une dysmorphophobie peut s'installer. Il y a une grande angoisse et une atmosphère d'étrangeté dans la façon de les vivre et de les communiquer. Elles entraînent souvent de longues contemplations devant les miroirs.

d) Les idéologies extravagantes. — Ce sont des sujets qui vont être pris soudainement d'un intérêt pour une théorie scientifique, une idéologie politique ou religieuse, non à la façon habituelle de l'adolescence où les passions sont la règle et où, malgré leur intensité, elles laissent place à d'autres intérêts, en particulier sexuels, mais d'une façon exclusive et absolue avec une tendance à un certain abstractionnisme dans les raisonnements (rationalisme morbide). Ces sujets vont être une proie facile pour l'enrôlement dans une secte.

e) Les manifestations névrotiques. — Certaines manifestations somatiques fonctionnelles associées à un théâtralisme peuvent faire penser à une hystérie, mais ce théâtralisme n'a pas besoin de spectateurs et est plutôt un maniérisme. Il peut s'agir aussi de manifestations phobo-obsessionnelles telles qu'une éreutophobie ou une nosophobie.

f) L'automatisme mental. — Il peut s'observer de façon très précoce et rester isolé un certain temps.

Les sujets n'en signalent pas souvent l'existence d'une façon spontanée. Il peut y avoir des sensations parasites, du dévidage de la pensée, des phénomènes d'écho de la pensée, de la lecture et des actes. Ces échos peuvent être anticipants, simultanés ou retardés par rapport au phénomène originel. Il peut s'agir d'impression de vol ou de soustraction de la pensée ou encore de l'irruption de pensées étrangères au sujet, véritables hallucinations intrapsychiques. Ces phénomènes ne paraissent pas spécifiques des schizophrènes. On peut les retrouver au début de certaines psychoses chroniques avant l'installation d'hallucinations psychosensorielles. Toutefois, on considère que les impressions de vol de la pensée sont très évocatrices des schizophrénies.

C'est dans ces débuts insidieux qu'une aide au diagnostic peut être obtenue par l'utilisation de tests de la personnalité comme le MMPI (Minnesota multiphasic personnality inventory), le Rorschach et le TAT (Thematic apperception test).

g) Les autres modes de début. — Il peut s'agir d'une bouffée délirante aiguë (délire aigu de survenue brutale sans cause organique). Parfois c'est un épisode maniaque, mélancolique ou mixte avec des manifestations atypiques, tels que des thèmes délirants non franchement mégalomaniaques ou d'anéantissement dans un climat d'indifférence affective. Un syndrome confusionnel est possible, posant alors le diagnostic différentiel du syndrome cérébral organique. Parfois il y a un trouble atypique d'anorexie ou de boulimie. Il peut s'agir enfin d'un passage à l'acte brutal d'auto- ou d'hétéro-agressivité revêtant un caractère impulsif, incohérent, imprévisible, bizarre et immotivé.

3. **Les grandes manifestations syndromiques**

a) Les manifestations de la dissociation. — La dissociation schizophrénique est souvent considérée comme la manifestation essentielle du trouble. Il s'agit d'une perte de la capacité de filtrer les messages internes et externes et d'intégrer les données de la vie psychique en un tout cohérent. Il y a une perte des capacités associatives et de l'harmonie intérieure au profit de productions psychiques isolées les unes des autres et indépendantes du contexte de leur apparition, ce qui donne à l'activité psychique, selon Henri Ey, un quadruple caractère d'ambivalence, de bizarrerie, d'impénétrabilité et de détachement du réel. Cette dissociation se retrouve dans les domaines de la pensée, de l'affectivité et du comportement psychomoteur.

1. Dissociation de la pensée. — L'attention peut paraître faible. Elle est souvent très variable et sélective. La mémoire paraît atteinte de façon difficile à systématiser. Il y a des méconnaissances inattendues, touchant des secteurs importants, mêlées à des remémorations touchant des points de détail. Les associations d'idées ne paraissent plus avoir de suite logique, gênant toute communication. Le cours de la pensée peut être troublé dans son débit avec des ralentissements ou des accélérations inattendues, avec des pauses brutales se remarquant au niveau du langage par le phénomène du barrage, quasi pathognomonique des troubles schizophréniques, véritable panne au milieu d'une phrase ou d'un mot, suivie d'une reprise de la même séquence ou d'une autre. Le déroulement des idées est perturbé par la perte des capacités associatives avec des phénomènes de persévération, de substitutions, de contamination d'idées, ce qui donne à l'ensemble un caractère flou et incohérent. Si le sujet paraît conserver son intelligence pour une séquence de pensée isolée, il a perdu

ses capacités d'analyse et de synthèse. Cette absence d'intégration et d'utilisation des données élémentaires peut bouleverser l'appréciation du temps vécu. Ces troubles entraînent de sérieuses anomalies du langage. Le discours peut être troublé par des périodes de mutisme ou au contraire de verbigération. Il y a des réponses à côté des questions. Les intonations, le timbre de la voix peuvent être modifiés avec des bruits parasites et des troubles de l'articulation. La sémantique est atteinte, soit que les mots changent de sens, soit que le discours s'infiltre de néologismes. Le langage peut être détourné de sa fonction habituelle de communication pour y subir des manipulations qui paraissent n'avoir qu'un usage personnel. Il utilise un symbolisme incommunicable, un système logique propre et un abstractionnisme systématique.

2. Dissociation des affects. — L'humeur de base est généralement faite d'un fond d'indifférence affective et de désintérêt à l'égard des stimuli habituels de la vie affective, avec parfois des réactions affectives vives et inattendues. Il peut y avoir un négativisme dont on peut distinguer une composante passive faite d'inertie et une composante active faite de retrait et de refus. La vie affective paraît désorganisée avec une incohérence des sentiments et des émotions, un retour à des attitudes affectives archaïques et des phénomènes impulsifs. Les émotions peuvent s'exprimer de façon brutale et intense. Elles sont déconcertantes, apparemment sans lien avec les événements extérieurs, mais probablement liées à l'irruption de fantasmes. Cela donne lieu à des colères, des tristesses et des rires qu'on dit immotivés. Les sentiments sont caractérisés par leur intensité, leur séparation en registres de l'amour et de la haine avec une coexistence possible sur le même objet ou une

succession dans le temps sans raison apparente. La vie sociale, familiale et sexuelle est perturbée.

3. Dissociation psychomotrice. — L'ambivalence se retrouve dans les comportements abouliques et les hésitations, dans les paraminies avec des expressions différentes des émotions selon les parties du visage, dans la discordance entre une mimique et l'expression verbale d'une émotion, dans les conduites contradictoires, dans les incohérences vestimentaires. La bizarrerie se retrouve dans la cocasserie de certains actes, dans le maniérisme des gestes, de la mimique et des attitudes. L'impénétrabilité se retrouve dans les actes impulsifs immotivés et étranges. Les manifestations psychomotrices les plus caractéristiques sont les comportements négativistes et répétitifs. Le négativisme peut se marquer par une inertie comme dans la clinophilie et la claustration, par des refus alimentaires et des attitudes de résistance et d'opposition, par les actions violentes défensives et offensives. Ces troubles peuvent aller jusqu'à la catatonie. Les comportements répétitifs se retrouvent dans les stéréotypies qui sont, selon P. Guiraud, soit des retours d'actes sous la même forme (fixations invariables), soit des recommencements d'actes en série (itération). Certaines stéréotypies ont le sens du délire qui les sous-tend, d'autres ne sont que des parakinésies résiduelles vides de sens. Il existe des stéréotypies de mimique, de gestes et d'attitudes et des stéréotypies phonéticoverbales.

b) Le délire paranoïde. — Le délire est appelé paranoïde, par opposition à paranoïaque, parce qu'il est infiltré par les phénomènes dissociatifs et qu'il n'est pour cette raison aucunement structuré. De mécanisme surtout hallucinatoire, ce délire comporte de nombreuses anomalies des fonctions perceptives. La sensibilité entéroceptive et proprioceptive est particulièrement atteinte. Il s'accompagne d'expériences de dépersonnalisation et de déréalisation profondes. Il y a des expériences de transformation et de morcellement corporels. On remarque un délire hallucinatoire dans la sphère acoustico-idéoverbale avec un attribut sensoriel à la voix perçue, des hallucinations psychiques sans attribut sensoriel et des hallucinations psychomotrices, sortes de kinesthésies verbales. Les hallucinations psychosensorielles peuvent atteindre toutes les perceptions sensorielles. Le syndrome d'automatisme mental se retrouve avec comme complément des phénomènes d'automatisme au niveau de la parole et des actes. Les thèmes délirants sont très nombreux et variables dans le temps, donnant un aspect flou et ineffable au vécu délirant. Il peut s'agir de thèmes de destruction et de catastrophe, témoignant de la dissociation du sujet et de sa rupture avec le monde extérieur, ou de thèmes issus d'un monde imaginaire, témoignant d'une tentative de reconstruction. Henri Ey voyait trois caractères principaux à ces délires : l'envahissement total du sujet par l'expérience délirante, la formulation abstraite et incohérente des thèmes délirants et une tendance évolutive vers l'hermétisme et l'incommunicabilité.

c) L'autisme. — Il est, selon la définition de Bleuler, « l'évasion de la réalité avec, en même temps, la présence relative ou absolue de la vie intérieure ». Il y a une désagrégation de la personnalité qui a perdu son unité et une extraversion de fantasmes inconscients à la place de la réalité extérieure déniée en tout ou en partie. Le schizophrène s'est constitué ainsi un monde personnel entre sa personnalité dissociée, un univers en tout ou en partie reconstruit par lui, et des relations entre l'un et l'autre régies par des règles de communication incommunicables à autrui.

Récemment Crow a estimé qu'il y avait deux variétés principales de schizophrénie : un type I correspondant aux syndromes aigus avec un délire à mécanisme surtout hallucinatoire, des troubles du cours de la pensée et une excitation psychomotrice, en bref des symptômes plutôt « positifs », généralement réversibles, répondant bien aux neuroleptiques, chez des sujets n'ayant pas un élargissement des ventricules cérébraux, n'ayant pas manifesté des troubles prémorbides majeurs, n'ayant pas d'antécédents familiaux schizophréniques, mais ayant parfois une famille à troubles affectifs (troubles de l'humeur) ; un type II correspondant aux manifestations chroniques avec des atteintes cognitives à évolution déficitaire, un ralentissement psychomoteur et des comportements psychomoteurs répétitifs, en bref des symptômes plutôt « négatifs », généralement irréversibles, répondant mal aux neuroleptiques, chez des sujets ayant un élargissement des ventricules cérébraux, une mauvaise adaptation prémorbide, une histoire familiale évoquant une prédisposition génétique à la schizophrénie. En fait, ces deux regroupements avaient bien été présentés par les auteurs classiques, puisqu'on les retrouve dans les deux principales formes cliniques qu'ils décrivaient : la forme paranoïde et la forme hébéphrénique.

Dans la forme paranoïde, le délire domine et la dissociation est relativement atténuée. Son début est plus tardif que dans l'autre forme. Les manifestations aiguës et brutales dans leur apparition prédominent. Les rémissions presque complètes sont fréquentes. La sensibilité à la chimiothérapie est généralement bonne. Cette forme a quelques variantes cliniques : la forme dysthymique ou schizo-affective qui évolue de façon cyclique avec des troubles de l'humeur qui font actuellement discuter son rattachement à la maladie bipolaire ; la forme pseudonévrotique dans laquelle les phobies sociales sont sous-tendues par l'idée délirante d'être observé, où les obsessions ont un caractère abstrait, où l'hyperexpressivité des émotions s'accompagne de maniérisme et d'impulsivité ; les formes simples qui sont des formes atténuées permettant une bonne adaptation familiale et sociale.

Dans la forme hébéphrénique qui représente environ 10 % des schizophrénies, la dissociation et l'autisme sont au premier plan. Les expériences délirantes et hallucinatoires sont pauvres ou absentes. Il y a souvent une atteinte des fonctions cognitives. Le retrait familial et social est constant. L'évolution peut se faire par poussées, mais la tendance à la chronicité et à la permanence des symptômes est grande. C'est dans ces formes que sont généralement décrits les accès de catatonie qu'on interprète alors comme une manifestation aiguë du syndrome déficitaire. Toutefois, aujourd'hui, la place de la catatonie n'est pas aussi claire puisqu'on connaît l'existence de catatonie périodique associée aux formes paranoïdes. Ces catatonies fugaces à déclenchement brusque peuvent avoir un excellent pronostic, contrairement à celles qui font partie des formes hébéphréniques. La catatonie comporte un certain nombre de symptômes dont le négativisme psychomoteur avec refus et opposition, l'inertie psychomotrice avec échomimie, échopraxie et écholalie (reproduction des attitudes et des paroles de l'interlocuteur), les stéréotypies, les paramimies et le maniérisme, la catalepsie et les troubles des fonctions motrices avec plasticité, raideur et fixation des attitudes, et enfin les impulsions brutales éventuelles. La forme hébéphrénique a des variantes cliniques, comme la forme héboïdophrénique où les troubles du comportement social avec des passages à l'acte impulsif évoquent la psychopathie.

4. **Les modalités évolutives.** — Il y a peu de grandes recherches catamnestiques permettant d'apprécier l'évolution des schizophrénies et de repérer les critères de pronostic. On peut citer l'étude de M. Bleuler (1972), celle de Ciompi et Müller (1976) et celle de Huber, Gross et Schütler (1979).

Ciompi et Müller ont distingué dans leur étude deux modes de début (insidieux et aigu) et deux types d'évolution (oscillante et continue). Les deux évolutions les plus fréquemment rencontrées sont l'association d'un début aigu et d'une évolution oscillante et d'un début insidieux et d'une évolution continue. Chacun de ces modes évolutifs représente à lui seul un quart du total des cas. L'état terminal de la première éventualité est bon ; celui de la deuxième est plutôt grave. Si on prend la totalité des évolutions, on observe, dans les états terminaux, 50 % de guérison ou d'états résiduels légers et 20 % d'états terminaux graves, le reste étant des situations intermédiaires. Le fait intéressant est que cette étude ne paraît pas montrer de catamnèses très différentes de celles qui avaient été évaluées avant les chimiothérapies. Les neuroleptiques réduisent l'ampleur des poussées évolutives, mais ils n'ont pas l'effet à long terme qu'on pouvait espérer. Dans cette étude, les variables qui ont une corrélation significative avec un cours favorable sont : la présence initiale de dépersonnalisation et de déréalisation ; les troubles de l'humeur ; l'hallucination et le délire ; les éléments confusionnels ; les débuts aigus et les évolutions oscillantes ; une durée de première hospitalisation avant 45 ans inférieure à un an ; la présence de facteurs déclenchants ; la bonne adaptation prémorbide, la bonne adaptation familiale et sociale ; le statut marital ; la formation professionnelle achevée ; le niveau professionnel prémorbide élevé.

Cette étude, comme les autres, paraît remettre en cause les formes classiques de la maladie, du moins pour ce qui concerne le long cours. Les cas restant identiques durant toute l'évolution sont la minorité. La plupart des cas sont des tableaux mixtes où alternent des phases de formes différentes. Dans un ouvrage récent de Carpenter (1981), la seule forme clinique permanente est la forme dysthymique dont on discute aujourd'hui le rattachement à la maladie bipolaire.

II. — La paranoïa

Les délires paranoïaques ont en commun un certain nombre de caractéristiques. Ce sont des délires dit « systématisés » car ils sont pris dans le caractère et la personnalité même du patient et ils évoluent dans l'ordre, la cohérence et la clarté (Kraepelin). Ils relèvent d'une construction ayant une logique personnelle au sujet avec une base établie sur des jugements faux. Le délire peut avoir un aspect plausible. Aussi, lorsque le délirant y met toute sa conviction passionnée, il peut avoir un pouvoir de contamination et induire des délires à deux et même des délires collectifs. Dans ces cas, il suffit d'isoler l'élément inducteur pour que les éléments induits cessent assez rapidement de délirer. Ces délires s'accompagnent d'une grande exaltation. Comme ils débouchent fréquemment sur une situation de persécuté-persécuteur, il y a un risque de passage à l'acte hétéro-agressif, soit sous forme de plaintes diverses, soit sous forme de violences verbales ou physiques. Ces délires peuvent être des états aigus et réversibles. Ils semblent être facilités par l'alcoolisme ou certaines drogues comme la cocaïne et les amphétamines ou déclenchés par certaines situations telles que l'isolement ou l'oppression. Un début plus insidieux et un cours plus chronique feraient plus volontiers rattacher aujourd'hui de tels états aux schizophrénies. La plupart du temps ces délires surviennent sur une personnalité pathologique dont la plus caractéristique est la personnalité paranoïaque qui a, selon le *DSM* III R, les critères diagnostiques suivants : une méfiance générale injustifiée et une absence de confiance en autrui (attente d'être trompé, hypervigilance vis-à-vis de l'environnement, dissimulation, refus de la critique, mise en doute de la loyauté d'autrui, recherche de motifs cachés, jalousie pathologique) ; une hypersensibilité (tendance à se sentir dédaigné, exagération des difficultés, promptitude à la contre-attaque, incapacité à la détente) ; une restriction de l'affectivité (apparence de froideur, enorgueillissement d'être sans émotion, absence d'humour, absence de sentimentalité). La présence d'une hypersensitivité prédominante réalise ce que Kretschmer avait décrit sous le terme de caractère sensitif.

Les principaux délires paranoïaques sont : les délires passionnels et de revendication, les délires d'interprétation, les délires sensitifs.

1. Les délires passionnels et de revendication

a) Les délires passionnels de jalousie. — Ils transforment la situation à deux du couple en une situation triangulaire avec l'introduction du rival sur qui l'intensité des affects va se reporter et contre lequel va se développer la haine. Le jaloux va asseoir sa conviction sur des pseudo-preuves qui seront les conséquences de son imagination, de ses intuitions et de ses interprétations délirantes.

b) L'érotomanie. — Elle est l'illusion délirante d'être aimé. L'objet choisi est généralement un personnage célèbre inatteignable en fait. Dans une première phase, le sujet semble étonné de l'amour qu'a l'objet pour lui. Il en voit de multiples preuves à travers ce qu'il sait ou apprend de la vie de l'objet. Dans une deuxième phase, il se décide à déclarer à son tour son amour par des messages divers. L'absence de réponse ou les réponses négatives le renforcent au début dans sa conviction de la réalité de cet amour qui veut garder la force du secret. Bientôt, devant la vanité de toutes les démarches, il va s'installer une phase de dépit, puis une phase de rancune ; et la passion amoureuse devient une haine pour ceux qui ont contrarié cet amour.

c) Les délires de revendication. — C'est le thème de la revendication qui donne son caractère principal au délire. Tantôt il s'agit d'une propriété ou d'un droit (quérulents processifs), tantôt d'un mérite ou d'une invention (délire des inventeurs), tantôt d'un système idéologique (idéalistes passionnés).

2. **Les délires d'interprétation.** — C'est une sorte de « folie raisonnante » où le sujet explique tout au moyen d'un système personnel de significations. Le mécanisme principal du délire est ici l'interprétation qui est exogène si elle porte sur la réalité extérieure et endogène si elle porte sur la réalité interne. Les principaux thèmes de ces délires sont la persécution (complots de toutes sortes) et aussi la mégalomanie, comme dans les délires de filiation (descendance aristocratique ou divine). Le développement de ces délires se fait en réseau englobant peu à peu toute la vie du sujet, alors que le développement du délire passionnel ou de revendication est en secteur (s'enfonçant en coin dans la réalité). Le délire peut suivre des évolutions diverses. Parfois il possède une capacité d'élucidation de la vie du sujet, éclairant d'un coup toutes les interrogations passées ; ailleurs, le délire,

à coups d'interprétations de plus en plus complexes, aboutit à un monde hermétique et c'est, en fait, plutôt une schizophrénie ; ailleurs encore, le délire se limite à une sorte de roman délirant que le sujet garde pour lui, menant une vie à peu près normale, mais là aussi cet état paraphrénique est plutôt à classer dans les schizophrénies.

3. **Le délire de relation des sensitifs.** — Sur un fond de caractère sensitif, avec un passé de frustrations successives, une frustration supplémentaire fait éclater brusquement un délire de relation concentrique dans lequel le sujet se sent le centre d'événements avec une atmosphère de persécution et de culpabilité.

III. — Les autres délires non schizophréniques et non paranoïaques

On classe dans ce groupe des délires aigus et des délires chroniques.

1. **Les bouffées délirantes aiguës.** — Ce sont des délires aigus, sans cause organique, non déclenchés par une intoxication, qui surviennent sur des sujets jeunes sans antécédent psychiatrique, à la suite d'un stress, le plus souvent une transplantation. Ce sont des délires hallucinatoires, polymorphes dans leur thématique, avec des troubles de l'humeur associés. Leur guérison sous neuroleptique est souvent rapide sans séquelle. Le risque est la rechute, présente dans un tiers des cas. Ce diagnostic de bénignité ne peut être porté qu'après coup, car on sait qu'un tiers de ces bouffées délirantes aiguës sont une des portes d'entrée de la schizophrénie.

2. **Les délires du « post partum ».** — Lorsqu'ils surviennent quelques jours après un accouchement, ils ressemblent à une bouffée délirante aiguë et en ont le même pronostic. Lorsqu'ils surviennent plus tardivement ils ressemblent plutôt à une mélancolie délirante qui peut dans un tableau traînant avoir une évolution schizophrénique.

3. **La psychose hallucinatoire chronique.** — C'est une entité spécifiquement française, rattachée ailleurs aux schizophrénies, d'apparition tardive. Le début chez un sujet d'âge moyen est insidieux ou brutal. Il peut y avoir un stress déclencheur. La symptomatologie de base est pendant longtemps un syndrome d'automatisme mental à l'état pur, d'abord le petit automatisme décrit dans les formes de début de la schizophrénie, puis le grand avec des hallucinations psychosensorielles surtout auditives, enfin éventuellement le triple avec des automatismes moteurs et sensitifs. L'évolution se fait le plus souvent vers un délire chronique à thèmes persécutoires ou mégalomaniaques.

4. **Les délires fantastiques ou paraphrénies.** — Leurs caractéristiques sont : l'aspect fantastique des thèmes délirants ; la mégalomanie ; la primauté de la fabulation sur l'imagination ; le maintien d'une bonne adaptation à la réalité extérieure, si bien que les sujets paraissent mener en juxtaposition une « double vie » délirante et réelle ; le maintien dans toute leur intégrité des capacités cognitives. Un certain nombre de ces délires paraissent en fait une modalité évolutive d'une schizophrénie.

IV. — **La maladie bipolaire ou monopolaire**
(ou psychose maniaco-dépressive)

La caractéristique essentielle de cette affection est la survenue intermittente de troubles dépressifs majeurs ou mélancolie et de troubles d'excitation ou manie avec des intervalles libres entre les accès au cours desquels le sujet est indemne de toute pathologie. Tantôt il y a alternance de mélancolie et de manie et on parle alors de maladie bipolaire. Tantôt il y a seulement des accès mélancoliques et on parle de maladie monopolaire. Il n'y a pas de forme monopolaire maniaque individualisée.

1. **La mélancolie.** — Elle se manifeste par un ralentissement psychomoteur au niveau des gestes qui sont lents et rares, de la mimique figée dans une expression douloureuse, de la parole éteinte, monocorde et ralentie. Le trouble de l'humeur est marqué par l'intensité de la douleur morale avec une sorte d'anesthésie affective donnant l'impression que le sujet est vide de tous sentiments et est devenu indifférent à tout ce qui l'entoure. Les seuls sentiments exprimés concernent des impressions d'incapacité, d'indignité et de culpabilité, soit par la majoration de fautes mineures, soit par l'expression de fautes imaginaires. Il y a une perte de tous les investissements, que ce soit les plaisirs et les loisirs qui sont arrêtés en premier, que ce soit ensuite le travail, les intérêts familiaux et sociaux. La vie sexuelle s'interrompt. L'appétit disparaît. Le sommeil est profondément troublé avec surtout un réveil très matinal. Il y a généralement une grande angoisse et surtout un désir de mort pour soi, quelquefois aussi pour l'entourage proche. Le risque majeur est ici le suicide, avec

parfois l'homicide du conjoint ou des enfants que le sujet estime ne pas pouvoir laisser dans un univers qu'il voit désertique et sans avenir. C'est dire qu'un tel tableau exige une hospitalisation d'urgence en se donnant même les moyens de passer outre à la volonté du sujet s'il devait avoir une attitude totalement négative.

Il y a des variantes de ce tableau mélancolique : la mélancolie stuporeuse où le ralentissement psychomoteur est extrême avec immobilité et mutisme ; la mélancolie anxieuse avec des attaques de panique et un risque imminent de raptus suicidaire ; la mélancolie délirante avec des idées de culpabilité, de ruine et de deuil, des idées hypocondriaques avec transformation corporelle, des idées de possession ou de damnation ; les états mixtes où coexistent dans le même accès la mélancolie et l'excitation maniaque.

2. **La manie.** — Il faut la voir comme l'inverse de la mélancolie ou peut-être même comme une sorte de fuite de l'univers mélancolique dans la quête d'une fête orgiaque. Il y a une excitation psychomotrice avec agitation motrice et logorrhée. L'insomnie est parfois totale. Les processus mentaux sont stimulés et accélérés, que ce soit les associations d'idées, la mémoire et l'imagination. Il y a une fuite des idées qui sautent du coq à l'âne si bien que rien de cohérent n'est construit, une idée ou un projet étant abandonné pour un autre. Le sujet émaille son discours de jeux de mots mis au service d'une ironie caustique. L'humeur est exaltée avec une euphorie et des impressions de toute-puissance. La contradiction n'est pas supportée et entraîne de vives réactions. La perte du sens critique et des censures habituelles peut entraîner des comportements perturbateurs de la vie familiale et sociale : dépenses excessives, attitudes libertines ;

parfois même des comportements médico-légaux : escroquerie, exhibitionnisme. Il y a toute une activité ludique, voire agressive, avec une indifférence complète à l'égard de ses conséquences.

Les principales variantes cliniques à ce tableau sont : l'hypomanie où tout se limite à l'hyperactivité intellectuelle et physique dans une ambiance ludique et mégalomaniaque ; la fureur maniaque avec un déchaînement agressif ; la manie délirante avec des thèmes de grandeur et de toute-puissance, et l'état mixte. La manie peut à tout moment basculer dans la mélancolie avec un risque suicidaire. L'hospitalisation est nécessaire pour cette raison, mais aussi à cause des graves perturbations familiales et sociales que le trouble entraîne avec des risques d'atteinte au patrimoine.

3. **La maladie monopolaire.** — Dans ce trouble, il n'y a que des accès mélancoliques. Le premier accès peut commencer à tous les âges. 50 % des sujets qui font un accès mélancolique risquent d'en faire un autre. Il semble que 3 à 4 % de la population risque un jour un accès mélancolique. Il y a une prévalence plus grande chez les femmes que chez les hommes. L'accès mélancolique peut succéder à un stress ou survenir sans cause déclenchante apparente. Le facteur génétique est probable, mais non encore démontré. La sensibilité au traitement antidépresseur du trouble est grande puisque 80 % des accès mélancoliques guérissent en deux à quatre semaines. Le traitement préventif est moins efficace que dans le cas de la maladie bipolaire.

4. **La maladie bipolaire.** — Elle débute généralement autour de la trentaine, le plus souvent par un épisode maniaque. Sa prévalence dans la popula-

tion, plus faible que celle de la monopolaire, se situe entre 0,5 et 1,5 %. Il y a autant de femmes que d'hommes. La répartition de fréquence entre accès maniaques et mélancoliques est à peu près égale. L'espacement qui sépare deux accès est très variable, mais parfois assez stable chez un même sujet. On distingue actuellement des formes à cycles courts avec des intervalles libres de quelques semaines ou quelques mois et des formes à cycles plus longs, de quelques années. Il paraît assuré que l'origine du trouble est génétique. Il peut se produire que certains accès soient déclenchés par des stress. La sensibilité des troubles au traitement antidépresseur (mélancolie) ou neuroleptique (manie) est grande. Le traitement préventif est ici très efficace (sels de lithium).

BIBLIOGRAPHIE

DSM III R *(Manuel diagnostique et statistique des troubles mentaux)*, Paris, Masson 1989.

Ey H., Bernard P., Brisset Ch., *Manuel de Psychiatrie*, Paris, Masson, 1960.

Lalonde P., Grunberg F., *Psychiatrie clinique : approche contemporaine*, Québec, Gaetan Morin, 1981.

Muller C., *Les maladies psychiques et leur évolution influencée par l'âge*, Berne, Hans Huber, 1981.

CONCLUSION

LES TRAITEMENTS

La pathologie mentale est celle d'un sujet qui a son histoire individuelle, familiale et culturelle et qui vit dans un environnement complexe avec lequel il a des interactions permanentes.

Le soin va devoir prendre en compte tout ou partie de ces éléments. C'est donc qu'il y a une grande diversité de soins, d'une part selon leur centrage plus ou moins focalisé sur l'individu, l'environnement et le symptôme, et d'autre part selon le support théorique dont ils se réclament.

Selon la nature plus ou moins large de ce centrage, les traitements peuvent relever de la prévention (elle est essentielle), des prises en charge institutionnelles dans des lieux médicalisés ou non en utilisant l'institution même comme instrument thérapeutique, des thérapeutiques familiales et de groupe, des diverses psychothérapies (la psychanalyse et ses variantes), des thérapies à visées symptomatiques (relaxation, thérapies comportementales, hypnose, rééducation des fonctions instrumentales), des techniques de sociothérapie, des thérapeutiques biologiques avant tout médicamenteuses utilisant quatre grands groupes de produits psychotropes : les anxiolytiques, les antidépresseurs, les neuroleptiques et les régulateurs de l'humeur.

Les anxiolytiques sont avant tout représentés par les benzodiazépines. Leur efficacité est surtout grande dans l'anxiété chronique. Leur prescription en France est un peu abusive avec des indications trop larges. Les doses utilisées sont souvent trop fortes, les cures sont trop longues. Leurs inconvénients principaux sont la pharmacodépendance et les troubles de la mémoire. De nouvelles molécules sont mises sur le marché avec l'espoir qu'elles n'auront pas ces inconvénients, comme les azapirones stimulant le récepteur 5 HT 1A.

Les antidépresseurs actifs sur toutes les formes de dépression, sur le trouble obsessionnel-compulsif et sur la prévention des troubles paniques appartiennent à plusieurs familles. La plus ancienne est celle des tricycliques. Ces produits sont remarquablement efficaces dans les dépressions sévères mais leurs effets secondaires sont importants. La plus récente est celle des inhibiteurs de la recapture de la sérotonine qui ont une bien meilleure tolérance.

Les neuroleptiques sont indiqués dans les psychoses aiguës et chroniques et aussi dans certains états d'excitation comme la manie. De nombreuses familles de produits sont disponibles, actives généralement sur plusieurs récepteurs mais en particulier sur les récepteurs à la dopamine. Leur action s'accompagne d'un syndrome parkinsonien plus ou moins marqué mais toujours indésirable avec le risque lors des traitements au long cours de dyskinésies tardives (mouvements anormaux) actuellement incurables. Des recherches se font vers de nouvelles molécules sans incidence neurologique. Les produits actifs sur les récepteurs sérotoninergiques 5 HT2 auraient cet avantage et sont actuellement essayés.

Les régulateurs de l'humeur sont surtout efficaces dans la prévention des accès maniaques et mélancoliques des troubles bipolaires et monopolaires. Ils ont représenté un progrès remarquable dans les soins de cette pathologie. Les trois produits les plus utilisés sont les sels de lithium, la carbamazépine et le valpromide.

Cette liste de traitements psychiatriques divers est déjà longue. Elle n'est pourtant pas exhaustive. Elle démontre la complexité des cibles à atteindre, l'absence d'explication univoque et simpliste aux troubles mentaux. Il est possible que les traitements étiologiques essentiels restent à venir. Aujourd'hui, en tous les cas, les traitements doivent être mixtes, associant plusieurs méthodes dans les cas graves. Cela ne doit pas entraîner pour autant une dispersion des soins. Il faudra toujours qu'à la base de tous les traitements il y ait la relation thérapeutique privilégiée avec un médecin. Cette relation personnelle, durable, disponible et fidèle est essentielle. C'est d'elle qu'à certains moments les compléments de soins à faire ailleurs se décideront et s'organiseront. Dans les cas lourds, il sera peut-être nécessaire qu'un psychiatre soit ce médecin-là. Partout ailleurs, le meilleur référant sera le médecin généraliste qui est le seul à être au carrefour des événements principaux entre le sujet et sa famille, son travail et le milieu socioculturel où il évolue ; qui est le seul aussi à s'intéresser autant à ce qui se passe dans le corps que dans les processus mentaux.

BIBLIOGRAPHIE THÉMATIQUE « QUE SAIS-JE ? »

Les maladies mentales de l'adulte, n° 2886
L'hystérie, n° 3238
L'art-thérapie, n° 3137
La psychosomatique de l'adulte, n° 1850
Le suicide, n° 1569

TABLE DES MATIÈRES

Imprimé en France
Imprimerie des Presses Universitaires de France
73, avenue Ronsard, 41100 Vendôme
Janvier 1998 — N° 44 743